刘英与张闻天（1976年春摄于无锡梅园）

刘英自述

张闻天夫人口述历史

人民出版社

出 版 说 明

刘英(1905～2002)是一位具有特殊经历的无产阶级革命家。她20岁入党,97岁辞世,长期身处党内高层,亲历了中国共产党77年不平凡的历史。刘英晚年口述了大量党史资料,由于她独特的身份和惊人的记忆力,因此被誉为党史的"活辞典"。

本书是刘英"口述历史"的精选本,分"自述"、"附编"两部分。"自述"讲述了她1979年之前的坎坷经历;"附编"汇集了她对于几位老革命家、老战友以及党的七大的回忆,可谓"自述"的注释和补充。全书真实地再现了我们党和国家历史上许多鲜为人知的史实,生动地展现出这位老共产党人的高尚品德和坚强党性。

本书《决不认命》、《把一切献给党》、《七大何以推迟多年才召开》为夏杏珍整理,《在驻苏使馆》为萧扬整理,《我所知道的陈云》为朱佳木整理,《我与李立三相识》为杨青整理,《对潘汉年同志的片断回忆》为沈忆琴、李小苏整理,《谈艾思奇同志和〈大众哲学〉》整理者不详,其余各篇为程中原整理;历史图片由刘英亲属和有关同志提供;全书由程中原、李春林策划、选编。

本书对读者了解和研究我们党和国家的发展历史具有重要的参考价值。

2012 年 7 月

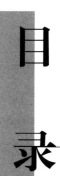

目录

目 录

序　言

邓　力　群

2005 年 10 月 14 日是刘英大姐一百周年诞辰。《刘英自述》在这时出版,是对刘英大姐的一个很好的纪念。

张闻天同志是我的老师,刘英大姐是我的师娘。他俩是在我们党内受到大家尊敬的一对相亲相爱的夫妻。

张闻天同志犯过大错误,也做过大贡献。在遵义会议上,他从教条宗派中分离出来,转过来拥护毛主席的路线、政策。大家推选他当了党中央总书记。从此,他同毛主席配合合作,领导长征取得了胜利,实现了从内战到抗战的转变,促使国共第二次合作形成,广泛的抗日民族统一战线建立,我们的党和军队也在抗日战争中发展壮大起来。

张闻天同志一生坎坷,长时间处在逆境之中。不论是顺境还是逆境,刘英大姐和张闻天同志相亲相爱,感情始终不变,令人非常钦佩。

中央红军到达陕北,在瓦窑堡,刘英和张闻天结婚。这个时候的张闻天是我们党的总书记。用老百姓的话来说,是共产党里面最大的官了。我听说,毛主席常常在大家面前开刘英的玩笑,说这是我们的娘娘啊!在这种情况下,刘英大姐没有得意洋洋,照样上她的班,做她承担的一份工作。与人相处还是那么平易近人。

党的七大以后,张闻天同志继续被选为政治局委员。可是实际分工,只负责一个政治材料室。这是中央各部门中最小的一个单位,只有四五

个人。在这种情况下,刘英大姐并不因为张闻天负的责任很小,管的人很少,而感觉到自己脸面无光。她与人接触、交谈,依然落落大方。记得那时他们住在枣园,在窑洞前种了两小畦草莓,空闲下来,两人还下下围棋。可说是安之若素,怡然自得。

丈夫做大官的时候,不得意忘形;官做小的时候,也不失意衰形。能做到这样,确实很难得。这点,给党内同志们的印象很好。大家感觉到刘英是个很了不起的大姐。

"八·一五"日本投降以后,张闻天同志赴东北。他是东北局委员和合江省委书记。领导剿匪,发动群众,都做出了重要贡献。特别值得称道的,是他领导土地改革运动的稳健。当时东北和全国许多地方都犯了"左"的错误。所谓村村点火,户户冒烟。在东北是搞"扫堂子",侵犯中农,侵犯工商业。只有张闻天领导的合江省,顶住了"扫堂子"风,没有侵犯中农,也没有侵犯工商业。农村也没有宣传和实行"贫雇农打天下、坐天下"。合江省创造性地执行了中央的政治路线,在东北以至全国非常突出。这个时候刘英大姐同张闻天一起做工作,一起到农民中间去访贫问苦、调查研究,一起在农村参加群众斗争,一起进行各项政策的调整。工作很有成效,生活非常充实。回顾在东北这一段,刘英大姐说是一生中最愉快的日子。

后来,张闻天到东北局当副秘书长兼组织部长。刘英大姐是哈尔滨市委的组织部长。她确实是做到了公私分明。不仅仅个人不沾一点公家的便宜,就是在工作上,也不利用夫妻关系图一点方便。没有因为一个是东北局的组织部长,一个是哈尔滨市委的组织部长,而违反党内正常的工作秩序和纪律。有些事情走不通了,没有说我这个市委组织部长,可以找我的丈夫,东北局的组织部长,帮忙解决。没有那种事情。从来不搞那一套。

在这一段,还应该提到的是,陈云、张闻天他们初到东北,就客观地分析了当时国际国内形势和东北的情况,提出了东北工作的正确方针,得到毛主席和少奇同志的赞同。后来,因为贯彻了这个正确的方针,使得整个东北能够在全国首先解放。在这方面,张闻天确实是立了大功的。刘英大姐参与了东北工作方针问题的争论,深知事情的经过,可是她并没有夫荣妻贵那一类想法。丈夫立了那么大的功,我就应该分享果实。她没有那种想法,也没有那种做法。

上世纪50年代初,张闻天同志接替王稼祥同志当驻苏大使。1954年回国后当外交部常务副部长。进行大国外交,从事国际活动。在有些人看来,真是风光一时啊。在这个时期,刘英大姐先后担任参赞、使馆特委书记和外交部部长助理,协助张闻天工作,各方面关系处理得非常好,该刘英出场时就有刘英,不该出场时就没有刘英,非常得体。

1959年庐山会议,张闻天同志受到打击,一下跌落到最大的逆境之中。不是一般的受批评、受压制,是因为意见正确而受批评、受压制;而且不只是受批评、受压制,是罢了官,撤了职。这是多么大的冤枉!这时张闻天什么工作都没有了,只能到经济研究所当一个挂名的"特约研究员"。刘英大姐也受到牵连,离开外交部,在近代史研究所挂个名领工资。在这种情况下,刘英大姐没有怨天尤人,没有垂头丧气,照样到近代史研究所上班,仍然同张闻天相亲相爱,支持张闻天迅速进入经济科学研究的领域。

1962年春夏之交,刘英大姐陪张闻天同志到江苏、上海、浙江、湖南三省一市进行社会调查,前后有两个多月。调查后张闻天同志向中央写了很有创见的发展集市贸易的意见书。这同刘英大姐的关心、支持是分不开的。

特别令人敬佩的是在"文革"期间,张闻天和刘英被流放到广东肇庆。那时的处境非常孤独,实际上同外界隔离了。朋友不能见,亲戚也不能见。连自己的名字"张闻天"三个字都不能用。派到身边的警卫,名义

上是保护,实际上是监视。只有他们夫妇俩,朝夕相处,互相安慰。在这样的困境中,买菜、烧饭、洗衣服等家务事,都由刘英大姐来做,让张闻天仍然能够专心致志地看书学习,研究学问,思考中国社会主义革命和建设的问题。刘英大姐真是忠实的伴侣。她不仅同张闻天交谈和讨论问题,在张闻天同志写文章的时候,她还在外面"放哨",让他安心秘密写作,不让监视的人发现。这时,张闻天的视力校正后才达到零点二,但仍夜以继日,毫不懈怠,写下许多文章,达到了他一辈子政治上、理论上的最高水平。如果没有刘英大姐的扶持、照料,张闻天进行科学探索不知会遇到多少困难,高水平的理论著作也难以产生。

1975年,在毛主席、周总理支持下,小平同志主持中央工作。张闻天得到毛主席批准移居江苏无锡。这时环境、待遇都有改善。可是,张闻天同志年纪大了,身体差了。他虽然还坚持做调查研究,但他的病接连发作,使他的研究工作难以继续。他自知不久于人世,把刘英叫到床前,对刘英说,我们两人还有三四万元钱积蓄,死后全部交给党。刘英大姐说好。可是张闻天还要刘英写下来,签上两个人的名字。刘英大姐强忍着眼泪说,你还信不过我吗!她不是不愿意签字,是舍不得张闻天离开人世,不忍心张闻天感觉到就要离开人世。后来,她还是遂了张闻天的心愿,写了字据,两人都签了名。什么叫无私奉献?什么叫把一切献给党?刘英大姐和张闻天同志做了一个很好的注解。

张闻天同志去世以后,作为张闻天的妻子和战友,最使我们感佩的是,刘英大姐把张闻天同志晚年在流放生活中写成的文稿,收藏整理,带到北京,找到了他最信任的战友王震同志,把这些著作交给王震同志,说出版张闻天的遗著是她唯一的愿望。

在1985年8月30日张闻天八十五周年诞辰的时候,经中央批准,《张闻天选集》由人民出版社出版。这时,刘英大姐应约口述,经整理发表了《身处逆境的岁月》一文,记述从1959年庐山会议张闻天受打击,到

《张闻天选集》编辑完成。1985 年 1 月 28 日，邓力群率编辑组成员和工作人员向刘英汇报，并祝贺春节。前排左起：何方、马洪、罗立韫、刘英、邓力群、曾彦修；后排左起：郑晓燕、施松寒、张培森、孙尚清、萧扬、程中原、李定国、张青叶（摄于刘英北京三里河家中）

"文化大革命"遭迫害，直到 1976 年 7 月 1 日含冤去世，十七年间，她同张闻天相濡以沫、自强不息的生活经历；记述张闻天无私无畏坚持真理，竭忠尽智撰写理论文章，探索中国自己的社会主义道路的历程。

此后，为了给撰写《张闻天传》提供史料，刘英大姐同传记作者详谈了她亲身经历的重大历史事件。在长征胜利五十周年的时候，整理发表了《难忘的三百六十九天》，把她参加中央红军二万五千里长征的经历和见闻，特别是遵义会议前后的变化，毛主席军事领导确立的过程，一、四方面军会合后毛主席、张闻天、周恩来等对张国焘的争取和斗争等情况，如实地记录了下来。在建党七十周年的时候，又整理发表了《在大变动的

年代里》,记叙1935年10月中央红军长征到陕北至1937年"七七"卢沟桥事变全面抗战爆发近两年间发生的巨大变化。着重讲述张闻天同毛泽东配合合作,领导党和红军从濒于被消灭的困境中走出来,经过瓦窑堡会议、东征、红军三大主力会师、和平解决西安事变等一系列重大历史事件,实现了国共第二次合作,建立了抗日民族统一战线,并在抵抗日本侵略者的战争中发展壮大,成为抗日战争的中流砥柱。由于刘英大姐长期在党中央领导层工作,她的记忆力又特别强,她的回忆和讲述,为党和红军的历史留下了宝贵的史料。领导同志的言谈举止,音容笑貌,体现性格特征的生动细节,也是不可多得的珍闻。刘英大姐的回忆文章,经《人民日报》、《瞭望》周刊发表,在年轻人和老同志中都引起了强烈的反响。认为这样的文章对青少年有益,对干部、党员有启发,也可以供党史研究参考。

1987年6月30日,刘英在中央档案馆鉴定长征途中会议记录等革命历史档案

在一些同志的鼓动和一些单位的邀约下,刘英大姐把她在长征前的生活道路和革命经历,把她同张闻天结合后命运与共的历程,作了比较完整的讲述,经记录整理,成为现在出版的这样一部比较连贯的自述。从中我们可以看到刘英大姐不平凡的经历和高尚的品格。

刘英大姐九十二岁那年,回顾人生道路,曾经做过这样的总结:"我今年已经九十二岁了。回顾自己走过的道路,艰难曲折而又宽阔光明。我领受过老校长徐特立的教诲,得到毛主席、周总理和闻天、弼时、稼祥、陈云、李维汉等同志的指点、帮助,受到为革命而献身的先烈王一飞、郭亮、林蔚、夏明翰、周以栗、陈潭秋等的鼓舞。我没有做出什么惊天动地的大事,但我确实为中国人民的解放和幸福献出了自己的心,尽了自己的力。如果说我有些许贡献,那也完全是在大时代的影响下,接受了党的教育、经过了实践锻炼的结果。"

刘英大姐确实是一位站在时代前列的杰出女性。她为革命出生入死,历经磨难,但百折不挠,依然英勇奋斗。在张闻天同志接连遭受打击,含冤受屈的情况下,依然保持着对共产主义理想的坚贞和革命乐观主义精神,无怨无悔,理解并支持张闻天同志继续进行理论创造。这是一种多么崇高的境界!在刘英大姐身上,确实集中表现了中国共产党人的高尚品德和坚强党性,永远值得我们学习。

2005 年 8 月

自　述

一、决不认命

1905年10月14日我出生在湖南长沙东乡一百里金井镇的一个封建家庭。当时已有三个哥哥、一个姐姐。一家人靠祖父死后分到的五百担田(每年收入租谷五百担)生活,日子比较富裕。但好景不长,我出生后没有几年,我们家就走下坡路了。

我们家住的房子很大,是周围有名的所谓"谈经书屋"。听说我们家祖辈都是读书、做官之人,是道地的书香门第。我父亲是一个肩不能担担、手不能提篮、一心只读圣贤书的人,他生活悠闲懒散,思想迂阔、守旧。他清末中过举人,旧学底子很厚,八股文做得不错,还写得一手好字。早先,他到湖北应试,湖北的一个知府很赏识他的文章,就把自己最小的女儿许配给他,这就是我的母亲。本来,他可以谋个官职,不巧碰上我的祖母去世,丁忧三年,错过了机会。辛亥革命后,彻底打破了他做官的美梦,他深感怀才不遇,因而迁怒于时势。他特别恨孙中山先生,贬薄地直呼之为"孙大炮"。他经常无名地发牢骚,对一切新事物都看不惯,就是死死守住旧的封建传统的一套。

幸而我还有个知书达理、善良开明的母亲。她生在官宦人家,读了好多书,人也聪明能干。但生活在那样的时代里,三从四德的封建戒律束缚了她,使她像所有的女人那样,大门不能出,二门不能迈,没有个人的自由,也无法自立。在家靠她父亲养活,一切听命于父亲。结婚以后,又要靠丈夫养活,侍候丈夫,生儿育女。我想,妈妈真可惜,我不能像妈妈这样

一辈子束缚在家庭里,我要自立。

要自立就要读书,这个道理,是在我渐渐长大以后接受了姐姐的教训才明白的。姐姐比我大六岁,是个心气比较高的女孩子。她很喜欢读书,家里请塾师教哥哥他们读四书五经,她便悄悄地跟着学。后来好容易进乡下的隐居职业学校文科班读了两年书。这时父亲做主,把她许配给了一个姓朱的地主家的少爷。于是,父亲便不让她再上学,要她在家"待嫁"。不久,这个少爷患了严重的肺病,便要我姐姐去冲喜,就把姐姐送过去了。不到一年,姐夫去世,姐姐便成了寡妇。可怜当时我姐姐才21岁。姐姐心里一直抑郁不欢,常常对我诉说不读书的痛苦,鼓励我努力争取读书。她说:"女孩子只有读书,谋个职业,才能自立。"姐姐的悲惨命运,姐姐的话语,深深地刻在了我的脑海里。

我看着三个哥哥,一个个都上学读书,挺神气、挺有学问似的,很羡慕。然而父亲还常常生气,说他们不用功、没出息,甚至动手打他们。有时父亲气得脸发紫、手发抖,呼哧呼哧地喘着粗气,无力再打他们了,只是喃喃地自言自语:"养不教,父之过,苟不教,性乃迁啊。"我想这是父亲非常非常痛心的表现。每当这时,全家人静悄悄的,连大气都不出。我暗暗下决心,我上学读书一定刻苦用功,不让父亲生气。

然而,父亲压根儿就没有想让我去读书。我长到了七八岁,父亲没有说让我去读书,长到十岁了,也不提让我读书的事。我再也耐不住了,一次次地去求母亲。母亲经不住我七磨八缠,硬着头皮去问父亲。没想到父亲一句话就把母亲噎了回去:"女娃儿,读的么子书? 再说,家里哪有许多闲钱?"

父亲说的话里有一点是实情,我们家的经济确实日趋困难了。在我7岁以后,三个弟弟、一个妹妹相继出世,大哥、二哥都结婚娶妻且接连生育了子女。几个哥哥都在念书,没有一个能赚钱的,家庭人口又逐年增加,光靠田地的收入就逐渐不敷支出了。加之连年军阀混战,兵荒马乱,农村经济破产,更影响了家庭的收入。于是开始向人借债,到不能再借时便变卖田地。家里的日子是一天比一天艰难了。

但是,生活再艰难,父亲还是要哥哥弟弟们上学,不管他们愿意不愿意,不管他们多么调皮,打都要把他们打成个读书人。我很不服气,为什么我那么渴望读书,父亲却不肯给我一次机会呢?我与姐姐谈,姐姐怨愤地说:"爹指望儿子们顶立门户,振兴家业呢。女孩子长大嫁了人,就如同泼出去的水。让女孩子读书,爹认为赔钱,不合算。"我找母亲求助,母亲一向是心疼我的,我不肯学"女红"(针线活),母亲就迁就我。我提出要上学,母亲内心是支持我的。但她无能为力,只能用"这就是命,女人的命"这样的话来劝诫我。我想,为什么女人就命中注定不能同男子一样读书?姐姐的悲剧是我的一面镜子,我决不认这个命,决不任命运摆布。我要读书,我一定要读书!然而,我的呼声,我的愿望,父亲全然不理睬。我伤心哭泣,毫无办法。

正当绝望时,机会却悄悄地来了。我的弟弟已慢慢长大,到了启蒙读书的年龄。但弟弟要去读书的学堂离家有二里来路,路上有河塘有粪池,弟弟淘气贪玩,万一掉下去可不得了。于是父亲想到了我,他发话了:"就让毛子(我的小名)陪送弟弟去学堂。看好弟弟,不要出事情!"于是,我成了陪读生。

我先后陪两个弟弟读书,到十四五岁了,还在初小泡着。1920年,为了躲避军阀混战带来的兵灾,我们全家迁到了长沙城内。城里过日子开销大,喝水都要用钱买。弟弟也都长大了,上学用不到我陪了。我担心说不定哪一天我这个陪读生就当不成了。

担心的事果然发生了。父亲不让我再读书,我感到十分委屈。我不服,我要抗争。

我成天伤心落泪,茶饭不思。母亲心疼了,去向父亲说情,父亲不理不睬。母亲又去辗转托人,终于找到了一所可以让我去上的学校,那就是

衡粹女子职业学校。这是一所专门技能学校,姐姐就曾在这里学过绘画、刺绣。这个学校不收学费,刺绣如果售出,还能分到两三元钱。但这个学校的文化课程比普通学校浅得多,远远不能满足我对知识的渴求。

在这所学校读了一年多以后,我偷偷地考上了湖南省立第一女师附小。我想这个学校不收学费,花不了几个钱就能读上高小,父亲总不会反对吧!没想到竟又触犯了他的尊严。父亲是不允许儿女违背他的意志的。我为了读书,一而再,再而三地找他麻烦,现在居然瞒着他去考学校,他知道后大发脾气,坚决不同意我上一女师附小。

我又气愤又伤心,整夜失眠,人一下子瘦了许多。母亲心疼极了,同父亲又说不通,只得央求亲戚们帮忙。亲戚们听了事情的来龙去脉,都说一个女孩儿家能有这样的志气和才学,很不容易。他们来劝我父亲:郑杰(这是父亲为我起的学名)书读得这样出色,将来再考取女子师范,用不了几个铜钿,培养一个女秀才,还能找个职业挣钱,这也算是名利双收的事。更何况,我们这种书香世家,女孩子精通文墨,也是很风雅的事。

此时已是20年代初期,民国时代的社会风尚毕竟要比清朝开化一些了。在长沙这样的大城市,已经有了女子学校,进洋学堂读书也已成为有钱人家或书香门第的一种时尚了。

亲戚们纷纷来说情,使父亲的心理稍稍平衡了些。他们讲的道理,他听了也有点动心,总算勉勉强强地点了头。

就这样,我终于争到了正式读书的权利,插班上了一女师附小的五年级。

我十分珍惜这好容易争取得来的上学机会,拼命用功,在班上考试成绩总在前五名。

这一段的读书生活也是相当艰苦的。父亲同意我上附小读书时有一个条件,就是读"跑学"(即走读),不住校。这样不用缴住宿费,在家吃饭比缴伙食费在学校吃也省得多。但学校离家远,中午回家赶不及会影响学习。我不敢向父亲要钱，硬是饿肚子。每次中午下课，同学们纷纷拥出教室，有的去买饭吃，有的也不过是用两三个铜板买个烧饼或用一两个铜板买块霉豆腐就当作午饭了。在有钱人家的孩子看来，这简直是无法想像的苦日子。但我，连这样的饭食都无法享用。十五六岁，正是发育长身体的时候，我却几乎天天挨饿，怎么能不影响健康成长呢。

时间久了，我常常饿饭的情况，让同学们知道了。有的同学佩服我的苦学精神，对我更友好、更亲近了。但也有些势利眼，常常流露出瞧不起我的神态。我一方面感到受了侮辱，一方面更下定决心，要在学习上让这些"绣花枕头"望尘莫及。

这种艰苦的学习生活，对我也是个磨炼。我变得比一般的女孩更喜欢观察周围的世界，更喜欢想各种问题。在我每天回家的路上，常看到黄包车夫拉着人匆匆地向前奔着。他们一个个破衣烂衫，面黄肌瘦，有的年纪已经很大了，患着病，仍气喘吁吁地跑着，更让人目不忍睹。我想，他们一定不胜负担，为什么还要勉强支撑着拉车呢？因为他们要养家饲口，家中病弱的妻儿正等着他带回些钱活命呢！能挣上些钱还算是万幸，有时碰上兵痞、流氓，白吃辛苦不算，还会挨打受骂，遭受皮肉之苦。

黄包车夫的形象深深地刻印在我的脑海里，有一次写自由命题的作文时，我自然地想到了《黄包车夫》这个题目。这次作文受到了老师的表扬。老师说我这篇作文的写作角度独特、立意深刻，还说：郑杰有了一双会观察的眼睛，会思考的脑袋，能从大家司空见惯的现象中，提出尖锐的问题：为什么人是这样的不平等？为什么有人富有人穷？

我非常喜欢我们的老师，特别是国文老师和历史老师。他们知识丰富，思想进步，我很爱听他们的课。他们讲过的清朝政府丧权辱国的历史，岳飞、文天祥的民族气节，都深深地教育了我。我暗暗地下决心，将来我也要做一个对国家对民族有作为的人。

那时，我心中还有一个对谁都不敢吐露的秘密：我希望以后能上大

学,学到更多的知识和才能。记得有一年暑假,一个东南大学的学生到我们学校度假,他向我们介绍了大学生活。他说他是个勤工俭学的学生,一面工作,一面读书。听了他的话,我对大学更心向往之。但一想到自己的境况,我知道这是不可能实现的空想。我只能把这个愿望深深地埋在心里。

每当想到未来的前途和出路,我心里就担忧。小学毕业后升学又是一道难关。我常和几个要好的同学一起商量,翻报纸看招生广告,希望能找到一所收费低廉、适合我们的学校。有一天,我正坐在一棵树下捧着书出神,忽然我的好友沈智跑来,她非常兴奋地告诉我,有一个叫徐特立的先生刚从法国回到长沙,创办了一所长沙女子师范学校,正在招生呢!这个学校不收学费。

这真是天大的喜讯,我当然要去试试。虽然离高小毕业还差一年,我还是去报名投考。我怕错过了这个好机会。发榜那天,沈智和我偷偷地赶去看榜,我们两人的名字赫然写在榜上。而且我还排在第五名。我们高兴极了!末了,沈智还不无自嘲地说:没想到你这个跳级生跑到我前面去了。

但当我走回家时,有些发愁了,父亲会允许吗?我提心吊胆地去求母亲帮助。母亲总是站在我一边的,她立即去说服父亲。这次没有费多少周折,父亲同意了。大概经过几次较量,父亲知道我脾气倔强,读书意志坚定,再反对又会带来一系列麻烦。更重要的是,他觉得让我进这种学校经济上是合算的。因为学校不收学费,一年伙食费五六十元,虽然要增加一些负担,但四年毕业以后,就可以当教员,不仅可以养活自己,还可以接济家里。而且我对父亲说:姐姐出嫁家里花了八百元嫁妆钱。将来我出嫁,不要嫁妆,不花家里一分钱。父亲细细一算账,觉得培养我这个女儿上学不吃亏。我想,这是促使他同意我上学的主要因素。

我抱着读书自立的思想跨进了长沙女师。我发现这所学校的空气与过去读过的几所学校大不相同。徐特立先生创办长沙女子师范的目的，就是给有志的女青年创造一个学习的机会，使她们也和男子一样，成长为国家的栋梁。一进学校，徐特立校长就对我们讲：你们是女子，但和男子一样，是大写的"人"。孙中山先生主张男女平等。现在时代不同了，你们和男子一样，有读书的权利、工作的权利和其他的一切权利。不过，封建势力不准许给你们权利，所以，还要靠你们自己去奋斗，去争取。我和老师们同你们站在一起。听了这一番感人肺腑的话，我无限激动，庆幸自己走进了一片新天地。

徐特立是著名的教育家，当时还没有参加共产党，但具有深厚的民主主义思想，爱国主义感情十分强烈。学校作风民主，教学方法生动活泼。他有一个独特的教育方法，对学生的优点或缺点，他常用诗或警句、格言的形式写在办公室前廊的黑板上，用以表扬或提醒。在五卅运动前后，我们经常上街集会游行、宣传演讲，他曾在黑板上写过这样两句话："读书不忘救国，救国不忘读书。"支持学生的反帝爱国热情，又提醒我们不要荒疏学业。徐校长还亲自教我们历史课，联系史实，激发我们爱国主义的情感。学生因参加爱国运动而受反动当局迫害，他不顾个人安危，想方设法进行营救。

徐校长聘请了一批进步青年来长沙女师任教。他们大多是湖南省立第一师范毕业的，其中不少是优秀的共产党员，如周以栗、陈章甫、罗学瓒、廖锡瑞等。他们的革命思想和行动对学生产生了极大的影响。不论是课堂讲授还是课外交谈，他们经常对我们进行爱国主义的教育。从中国的历史讲起，讲祖国的大好河山，中国人民的勤劳勇敢，讲封建主义、帝国主义对中国人民的压迫和剥削，探讨中国的出路。我接受了这种思想的灌输，又目睹中国社会的黑暗现状，因而激起了强烈的爱国主义热情，从参加学生运动开始，逐步走进了革命队伍。

二、把一切献给党

　　1924年我进长沙女师后,不仅文化知识大有长进,而且革命觉悟也迅速提高。随着大革命浪潮的掀起,我很快就成了反帝、反军阀的学生运动的骨干。我积极参加游行示威,到街头巷尾向群众宣传演讲。后来同学们选我做学生会的干部,有时还作为代表去向政府请愿、谈判。

　　由于我积极参加学生运动,受到了学校秘密党、团组织的重视。进步同学找我谈心,讲革命道理,帮助我提高认识。很快我被吸收加入了 CY（共产主义青年团）。我参加 CY 以后,更全身心地投入到革命活动中去。

　　1925年3月的一天,一位好友把我叫到一个僻静处对我说:"根据你最近的表现,你已经是先进青年中的先进分子了。你愿意加入 CP 吗?"CP 就是共产党,我当然愿意参加。好友告诉我,这是对任何人,哪怕是父母兄弟都不能讲的秘密。我立即表示:我会绝对保密的。她给我一张表格,叫我填写。

　　过了一些日子,湘区党委发来一张通知书,通知我去参加"入校仪式"。那时,内部同志称 CY 是"中学",CP 是"大学"。"入校仪式"就是入党宣誓仪式。我怀着激动的心情,穿过弯弯曲曲的小巷,在一个偏僻的工人区内找到了指定的地方。那是一座破旧的木板小楼,是一个基层工会的活动地点。我回头看看后面,没有"尾巴",便赶快走进去,轻轻地上了楼。看到罗学瓒老师正在这儿等候（当时罗老师是区委委员）,我高兴地朝他点了点头。与我同一批宣誓的还有其他学校的两个学生,互相不认识。谁也没有询问对方，只是用眼睛对视一下，算是打了招呼。

墙上挂着一面小小的党旗，在昏暗的灯光下，显得特别醒目。罗老师领我们宣誓。我永远记得入党时立下的誓言：要为共产主义事业而奋斗，遵守纪律，保守秘密，永不叛党。宣誓之后，罗老师发给每个人一个小本子：《入党须知》。打开扉页，上面用毛笔写着："你新的生命，从此开始。"是的，我从此踏上了新的征途，把我的一切献给党，献给壮丽的共产主义事业。

入党以后，就遇上全国反帝爱国运动的高潮。1925年5月30日在上海发生的"五卅惨案"激起了全国性的反帝浪潮，长沙也沸腾了。在湘区党委的组织发动下，由全省工团联合会和全省学生联合会发起，成立了"青沪惨案湖南雪耻会"（青岛在5月28日也发生了惨案）。工人、学生、市民群众的反帝情绪空前高涨。每天都有抗议集会，满街都是拿着小旗的宣传队、演讲队，还有演活报剧的。我在五卅运动中主要做宣传工作。每天晚上编印传单，准备演讲，一大清早就带着宣传队上街，专拣人多热闹的地方进行演讲、宣传。带领群众高呼口号，还散发传单。军警来了，立即有人报信，我们便转移到另一个地方。当时我心里只有愤怒，没有害怕。我的嗓门大概就是那时练大的。

经过五卅运动的锻炼，我的斗争意志更加坚定了。1925年6月，我转为正式党员。1925年10月，我担任长沙女师的党支部书记。

这时，湖南省的省主席赵恒惕更加反动，为了压制群众革命斗争，对学校防范得更加严了。只要有一点风吹草动，他就横加干涉，动不动就出动军警弹压。长沙学生同反动政府常常进行短兵相接的斗争。我参加了多次斗争，其中印象最深的是1925年11月的一次。

事情是由长郡公学引起的。11月初，长郡公学四年级学生发起筹组学生自治会，被校长张有晋明令禁止，该校学生们即实行罢课，表示抗议。学校不仅不接受学生的合理要求，反而挂牌将曾三等三位学生代表开除。

这就激起了学生们更大的不满,向当局提出质问。结果当局毫无收敛,反而变本加厉,先由省教育司下令开除学生十八名,接着警厅竟将曾三等人逮捕。与此同时,赵恒惕借口兑泽中学学生会刊上提出辞退不称职的教员的要求是受共产党的蛊惑,是赤化,又下令开除九名学生。赵恒惕还派军队进驻长郡、兑泽两校。这就激起了长沙全市学生的愤慨。

在省学联的组织领导下,长沙学生进行大规模的抗议声援活动。11月9日,30多所学校联合起来,派代表向省教育司请愿,强烈反对政府武装干涉教育,要求撤走驻校军警,撤换长郡、兑泽两校校长,释放被捕学生,恢复被开除学生的学籍。我是长沙女师的代表之一,参加了这次斗争。

记得我们那天到教育司门口时,大门开着,任凭我们进去。等我们进去后又把大门一关,再没有人理睬。直到天黑,没有人来接谈,也不送吃的东西。他们企图以饿饭断水,来惩戒我们,瓦解我们的斗争。那天天气很冷,我们坐在地上,寒气从脚下传到全身,真是饥寒交迫,但谁都没有喊一声苦。到半夜里,忽然有人翻墙进来,他们给我们送来了烧饼,并且告诉我们省学联又组织更多的人继续声援。我们的斗争不是孤立无援的,我们一定要坚持到底。关了一天一夜以后,赵恒惕政府迫于群众的压力,只得把我们放了。

这次行动,虽然在当时没有完全达到目的,但使我看到了团结的力量,受到了初步的实际斗争的锤炼。

1926年夏天,北伐战争节节胜利。为了迎接北伐军,扰乱敌人后方,动员群众,宣传群众,我每天带着一支十多人的流动宣传队上街,演讲,发传单,宣传北伐军的胜利,号召大家支援北伐军,直到天黑才回到学校。虽然人很累,功课也有些落下来,但心里是舒畅、充实的。这时,对个人的升学啊,前途啊,都置之脑后了。

为了培养干部以适应大革命迅猛发展的需要,党中央于1926年冬在武昌建立了中央两湖党校,彭述之任校长,讲课的有苏俄顾问鲍罗廷和恽代英、项英等中央领导同志,要湖南、湖北各送四十人去学习,我被选中。我们湖南去的人当中只有两名女同志,我是其中之一。我愉快地接受了党组织的安排,悄悄地从学校走出。我的职业革命工作者的生涯也由此开始。

两个月以后,1927 年 1 月,我从武昌回到长沙。长沙已经从军阀政权下解放出来。工运和农运搞得热火朝天,工人和农民自己的组织省工会和省农会也都成立了。我被分配在省工会职工运动委员会当干事。负责管理各基层工会的党团组织,还以共产党代表的身份参加市民会议,又抓了几个学校和工厂的党支部工作,参加他们的支部会议,听取汇报……我当时 21 岁,由于个子小,又梳着两根小辫子,一副中学生模样,人们就亲切地叫我"省工会的小辫子姑娘"。

我不熟悉工人,没有做过工会工作,缺乏经验,心里有些胆怯。省总工会委员长、职工运动委员会书记是郭亮,他看出我的心理状态,就对我说:"郑杰,莫怕,大胆些。干革命工作嘛,就要胆大,否则反动派怎么会被我们的小郑杰吓跑呢?"郭亮风趣幽默的话,使我又感动,又受鼓舞。

对于郭亮,我早就听说过他的许多故事,什么郭亮智斗赵恒惕的兵啦,"郭亮带兵捉郭亮"啦,……在铁路工人"二七"大罢工时,他带头卧轨挡车,阻止敌人破坏罢工的事迹,更被人们广为传颂。1927 年他也才 27 岁,已经是著名的工人运动领袖了。我心里本来就钦佩他,听了他的话,胆子壮了许多。

郭亮还非常实在地教我怎样工作。那时职工运动的主要任务是组织和发动各行业工会的工人开展对资本家和把头的经济斗争。我去哪个行业工会联系,他总是把这个行业的特点跟我讲一讲,把找谁联络、任务是什么以至怎样谈话都向我交代。晚上到各个行业工会开会,郭亮总是同我一起去。一方面亲自组织,一方面也是有意识地带我,教我。凡要研究

举行较大规模的斗争事宜,他都要和大家仔细研究斗争策略、注意事项、可能发生的问题等等。我很受启发。可以说郭亮言传身教给我上了怎样做群众工作的第一课。

在郭亮领导下,省总工会是一个团结和谐的战斗集体。我的任务很多。每天清早就出门东奔西忙。中午一般不回来,街上买块烧饼充饥。晚上是一天中最热闹的时候。那时工会干部大多住在省总机关,晚上回来,大家围着桌子一起吃晚饭,边吃边谈,交流情况,讲讲笑话,就像一个大家庭里的兄弟姐妹。我年纪轻,又是女同志,同志们对我就像对小妹妹那样关怀备至。有时候,我实在太累,晚上还有任务,所以晚饭桌上不大说话,他们便要关切地询问我,是不是身体不舒服?遇到什么麻烦事吗?在这里,生活是紧张的,工作也有困难,但我感到温暖、充实。

1927年,正当大革命轰轰烈烈发展时,蒋介石发动了"四一二"反革命政变。全国各地军阀和国民党右派顿时气焰嚣张,争相仿效,疯狂镇压共产党人和革命群众。一时间,湖南长沙也是黑云压城。反革命势力已在调兵遣将,准备围剿长沙的革命势力了。

住在湖北汉口的军阀何键,为加强湖南的反动势力,把反动军官许克祥的一个团调进长沙,同时又指使他在湖南的代表余湘三,秘密串联反动武装势力,组织了政变指挥部,制造反革命舆论。四五月间,长沙城内流言四起,一会儿说,工人运动、农民运动搞错了,工人农民打倒土豪劣绅是"痞子运动";一会儿又说,北伐军节节败退,被军阀打得落花流水了,国民革命战争已经彻底失败了。这些谣言,搞得人心慌乱,无所适从。

我们省工会的干部们一个个又气又急,想方设法向工人解释,向市民辟谣,但谣言仍在扩散。听工友们反映,军队也在不断找岔子,和工人纠察队发生摩擦。郭亮认为这很可能是反动派的阴谋,想找借口,制造导火线,达到公开打击工人纠察队和革命力量的目的。

到5月中旬,情况越来越紧急了。省委已作出部署,作好应变准备,并通告各县工农武装,要准备就地自卫。5月20日晚,省委开会作出决定:省委几个公开活动的主要负责人李维汉、郭亮等分路转移,就地指挥工作,并成立秘密临时省委。第二天,郭亮回到总工会召集我们开了会,布置应变工作。每人发了一个月工资,并叫原来住在省总工会机关里的干部们分散到别处去住,当晚只留少数人留守。我和另一位女同志、互济会主任黄厚纯住到东茅街7号省工会的职工宿舍里。临走前,我将各工会党团员的名单烧了,以免出事时落到敌人手中。

5月21日(即"马日",那时发电报用韵目代日期,这天是"马"字)那天夜里,天很黑,下着毛毛细雨。我怎么也睡不着,担心着郭亮及留守在总工会的同志们的安全。我觉得那晚的气氛不对头,预感会出什么事。

大约在夜里10点左右,忽然,城里枪声大作,我惊呼一声:许克祥果然动手了。我们从窗口往外看,只见长沙上空一片火光。从火光中我们推测省总工会、省农协、省党校等处被袭击了。机关枪声响了大半夜,外面情况不明,不能贸然出去。心里非常不安,担心敌人会来袭击。这时,我思想上做了最坏的打算。我对黄厚纯说:"敌人只要一进大门,我们就摸电门。宁可触电死,也不能被他们逮住!"我这时已抱定了以死相拼的决心。

这一夜就是中国历史上有名的长沙"马日事变"。许克祥部袭击了省党校、省工会、省农协等近十处公开的革命机关。虽然我们事先有所准备,但在这次反革命政变中,还是有百余名共产党员、国民党的左派和革命群众遭到枪杀。

5月22日清晨,枪声停了,周围静得出奇。我们猜不透外面形势恶化到什么程度,但同时又觉得宿舍不是久留之地。我们便想到了学校。湖南很多革命同志的革命活动是从学校开始的,学校成为我们心目中的革命营垒。到学校去,能得到保护和帮助,说不定还可以同组织接上头。

街上已贴出了"铲共委员会"的告示,通缉"共产党首要"李维汉、郭

亮、夏明翰等人。我们不敢多看多问,急急忙忙,避开人多的地方,穿过小街小巷,来到省立第一女子师范学校。后来曹子俊(总工会庶务)、李思安(总工会妇女部长)等也来了。我们在这里住了一夜。学校要清校,再待下去我们就会暴露。曹子俊忽然想到了一个去处,他曾经在瓷器店做过学徒,有个师弟叫罗汉卿,人很厚道,又不大过问政治。曹子俊建议到他家躲几天。于是,我们便去了他师弟家,我和黄厚纯住在他家小阁楼上。

这时,悬赏捕捉共产党的布告已经贴满长沙城内的大街小巷。城关以及重要的通道也都布置了哨兵。敌人天天在搜捕,天天在杀人。省委李维汉、夏曦等被迫转移,离开了湖南,其他同志也都隐蔽起来。我想想自己既不能回父母家,也无法躲进亲戚家。因为国共合作时期,我的身份是公开的。1927年3月以十名共产党代表中唯一的一名女代表参加过市民会议。代表们的名单都登载在报纸上,他们不敢接纳我。但我相信党组织一定还在,我要千方百计地找到她。

大革命失败后,党转入地下。在失去联系以后,找党的办法之一就是"碰"。在大街小巷转,遇到了同志,也许就接上了头;碰上敌人,就要被抓、被杀。而女同志找党,又多了一重困难。大革命时,开明女性大多剪去了长辫子,改梳短发或短辫。反革命政变后,敌人恶毒地传出"巴巴头,万万岁!瓢巴鸡婆遭枪毙"这样的话。巴巴头,指的是旧时妇女脑后的发髻;瓢巴鸡婆,就是秃尾巴鸡,以此侮辱剪了短发的女性。我的头发,先梳成短辫子,后来又把它剪成男孩似的短发。因此,曹子俊、黄厚纯认为我出去"碰"党太危险了,不同意我出去。我坚持说:"我是分管各工会党团组织的,认识的人多,碰上的机会也多。"

我戴了一顶学生帽,盖住短发,壮着胆子在街上转。一次,我坐着黄包车经过教育会坪,这是个敏感的地区,以前曾经是革命群众集会的地方,现在成了敌人的杀人场。过关卡时,哨兵盘问得特别严。他问我:

"做么子去?"我说:"去舅舅家。母亲病了,让我去找舅舅。""为什么不走别的路,偏要从这儿过?"哨兵怀疑地追问。我故作着急地说:"绕远路会耽误时间啊,要是母亲病不重,我还去找舅舅做么嘛!"哨兵将信将疑,仔细地打量着我,忽然,手一抬,把我头上的帽子摘下来了。我有些紧张,横下一条心,准备被逮捕。没想到,哨兵只是嘲弄地说了句:"噢,又是一个瓢巴鸡婆嘛!"就挥挥手放行了。大概因为我个子小,看去还是个学生娃子,哨兵就相信我真是去找舅舅了。

我就这样东碰西碰,已经好几天了。心里焦急,表面还装得悠闲。我专拣人多热闹的地方去。这天,我在长沙南门口佯装逛街,东张张西望望,一会看看布料,一会看看百货,打问打问价钱。忽听有人喊我的名字,定睛一看,是省委干部曹典琦的爱人张业莱。张业莱示意我跟她走,走到僻静处,她轻轻对我说:"大家在营盘街7号等你呢,快去吧。"原来,党也在寻找我们,张业莱就是派出来找我们的。我心头一热,眼泪涌了上来。可是现在不是流泪说话的时候,我立即离开张业莱,向接头地点跑去。

在营盘街7号,我见到了自己的老上级,在省委工作的夏明翰、林蔚、何资深、滕代远、蕲去病等,还见到接替李维汉担任省委书记的彭公达。他们对我说:"郭亮同志已经离开湖南,只有你最熟悉工会的党团组织情况。我们现在最紧要的任务是马上恢复各级党团组织,在敌人的心脏重新组织斗争。"他们问我:"党团组织的名单还记得吗?"我立即回答:"全记在我心里呐。"有人问我:"敌人天天在杀人,怕么?"我说:"不怕,怕就不来寻党了。"

他们不是随便问我的,是要我思想上做好充分准备。当时,长沙城内白色恐怖很严重,已经有一大批同志被杀害了。单是我读过书的长沙女师,就已经有十几名学生共产党员牺牲。我认识的一名女学生才十六七岁,因"马日事变"后上街贴标语,被敌人抓去。敌人要她交代指使者和同伙,她拒不回答。敌人就把她拉出去枪毙。枪毙她的时候,一枪没有打

中要害,她疼得直喊"妈妈"。她还是个孩子啊,敌人连这样的孩子都要杀害,可见丧心病狂到什么程度。在这白色恐怖中,也有的人害怕了,消沉和退却了。目睹同志们的牺牲,我心中只有仇恨,我决心继续战斗。

我投入了新的战斗。立即着手恢复工会中的党组织,以便更有力地与敌人斗争。

1927年10月,长江局(代行中央职权)派罗亦农、王一飞同志来改组湖南省委。改组后,由王一飞同志任省委书记。中央决定我为省委候补委员兼妇女部长。省委工作全部转入地下,秘密开展。

环境越来越恶劣,生活越来越艰苦。由于党的活动经费太少,我们几乎领不到生活费,饱一顿、饿一顿成了常事,可是大家都毫无怨言。当时,我和王一飞、林蔚等同志都住在省委秘书处,那是租用的老百姓的几间木板房。为了不引起外人的注意和怀疑,林蔚改姓熊。这房子是用他的名义租的,因此户主就成了"熊少爷"。王一飞算是他的表哥。我年纪小,他们都亲切地叫我"毛妹"。

每天我们都在紧张的工作,随时都有被捕的危险。记得有一天晚上,王一飞带着一身寒气从门外进来,见我们在等他吃晚饭,他随口问了句:"今天有什么好吃的?"我们告诉他,今天要打牙祭,改善伙食了。可他并没有高兴起来,忽然对我说:"毛妹,这几天你不要出门了。"我忙问"出了什么事"。他告诉我:"富雅里的那个工会机关被敌人破坏了,陈努力同志也被抓走。他爱人报告说,敌人追问什么人到过他们那里,还特别问到你的名字。"我说:"明天一早我还有重要的会,怎么能不出去呢。"他说:"太危险了,明天的会派别人去吧,你先避避。"我听了心里又热又酸,要说危险,一飞同志的处境比谁都危险。我是土生土长的湖南人,长沙的大街小巷,我跑得熟透了。有了情况,混到人群中也好,躲进老百姓家也好,总是容易脱身一些。而一飞呢,说一口地道的浙江方言,对长沙人生地不熟,只要被敌人盯上,真就难得脱身了。可是,一飞却又总是不听劝告,每天不顾安危地冒着寒风,有时还饿着肚子,在外面奔波。

在这期间,我曾和滕代远同志一起在长沙近郊组织农民与农妇参加暴动。原计划1927年12月10日,配合城里工人发起"灰日暴动",不料计划失密,暴动没有成功,党组织再次受到严重破坏。

1927年12月,王一飞被特务盯梢而被捕,同时被捕的还有其他几位省委领导同志,党的机关也先后被国民党特务破坏了十多处。一下子有六位省、市委领导和十几位同志被捕,大家心情很沉重,也很焦急。省委为了设法营救这些同志,便派了一名平时不大出头露面的女同志去探监。探监的同志见一飞穿得实在太单薄,对他说:"下次我们给你送棉被棉衣来。"一飞却态度坚决地说:"不必了,我什么也不需要。你们再也不要来看我了。"当我知道一飞拒绝让人探监时,难过地流下了泪。一飞已经准备牺牲,在生命的最后时刻,还想着保护同志,保存革命力量。1928年初农历大除夕这一天,王一飞同志,另外五位省、市委领导同志,还有十四位同志,一起在长沙教育会坪被国民党反动派枪杀了。临刑时,他们大义凛然,高呼革命口号。

王一飞等六名省市委领导被害,接着原宣传部长任卓宣叛变,省委机关很难活动。湖南面临的困境,急需让党中央全面了解。当时省委只有何资深(组织部长)、林蔚(秘书长)和我三人。林蔚即将去醴陵,何资深留守长沙,便决定让我扮成学生,去上海向党中央汇报,要头(派新的省委书记)、要钱。送我出发的是刚刚与我结为伴侣的省委秘书长林蔚。临行前,他一再叮咛我:"毛妹,你此行身负重任。一路上要经过湖北、江西、安徽、江苏数省,路程长,凶险多,要尽量少说话,遇到可疑的人,更要谨慎。"

1928年春节刚过不久,我肩负重任,离开长沙赴上海。这是我第一次独自一人乘火车出远门。坐的是敞篷火车,北风呼呼地叫,车厢里冷极了,冻得直发抖。我心里只有一个念头:一定要找到党中央,向党中央

汇报！

说来也真巧，元宵节这天我途经汉口转坐轮船，还有些时间，便在江汉关码头附近随便走走。忽然听到身后有人轻声地、急促地喊着："小杰！"我回头看，只见眼前站着一位妇女，身穿花缎子旗袍，发辫高高地盘在头上。我只觉得面熟，却一时想不出是谁了。她一把把我拉过去："我是李灿英哪！你怎么到武汉来了？家里出了什么事吗？"李灿英是郭亮的妻子，我真是惊喜万分。她叫我跟她到家里去。一路上李灿英告诉我，郭亮现在是湖北省委书记，公开的身份是经理。作为他的太太，所以要打扮得像样些。当我见到郭亮时，悲喜交集，忍不住眼泪夺眶而出。我尽情地倾诉我对牺牲同志的悼念，对湖南革命局势的担忧。他们两人听了也很悲愤。

郭亮告诉我，党中央派李维汉同志到湖南巡视工作，途经汉口，现在住在长江饭店。他一定很想了解湖南的情况。

当天晚上，郭亮带我到长江饭店，找到了李维汉同志，向他汇报了湖南的情况。并告诉他，像他这样在长沙公开活动过的人，目前无论如何不能去，那里局势太险恶了。李维汉当场给中央组织部长周恩来写了一封信，说"郑杰从湖南来，请加以照顾。"他还决定让与他一起来汉口的团中央宣传部长刘昌群同我一起去上海。刘熟悉情况，又是男同志，路上有个照应，也要安全些。李维汉交代我，到上海后，就住他家。

第二天，我便和刘昌群一起坐船去上海。临行前，郭亮塞给我几个黄岩蜜橘，叫我留着路上吃。

到了上海，我先住在一家小旅馆。刘昌群去向中央报告。很快就有人来接头。来人原来是老熟人龚饮冰。见面后特别亲热，特别高兴。我拆开棉裤的裤缝，从里面掏出用米汤密写的湖南省委给中央的介绍信。龚饮冰对我这次顺利到达上海，惊叹不已，不断说，不简单，真不简单！他把我安顿在李维汉家，又去向党中央汇报情况。我到了党中央，就像回到了娘家。我心里的一块石头落了地。

大约两天以后,我被带到法租界内的一幢房子里,中央正在开会。不一会儿,瞿秋白、向忠发、周恩来、恽代英、李立三等中央领导同志接见了我。我向中央汇报了王一飞等同志英勇牺牲的经过,并代表湖南省委请求中央给湖南派去新的省委书记,并拨发活动经费。

我汇报工作以后,党中央考虑到湖南的形势太险恶,要我留在中央机关工作。我不适应上海的生活。一是不会讲上海话,语言不通带来许多不便;二是水土不服。不久又发现自己怀孕了,身体很不舒服,因此仍想回湖南工作。这时林蔚已去醴陵任县委书记,组织了苏维埃政权。他来了两封信,也希望我回去。我向中央提出请求,李维汉对我说:"你打了铁颈根,不怕杀头!"周恩来同志理解我的心情,同意我回湖南。

我从上海回到长沙,没有找到接头机关。住旅馆三天以上就要有铺保,这担保的店铺也不好找。我在平民习艺所找到我的大嫂,知道父母仍住在长沙城里,我便想回家住几天再说。但一到家,父亲便板着脸问我:"你还回来做么子?"母亲连忙把我拉到一边,说:"家里不能呆啊,有人常在查访你。我对他们说,你死在外面了。"母亲对我说:"现在只有两条路,一条是去自首,放弃你那工作。我知道你的脾气,你决不会走这条路。另一条就是被抓、被杀。你是铁了心的。你走吧,走得远远的,妈不忍心看你死在我身边,妈受不了……"母亲泪流满面,说不下去了。我知道环境凶险,理解母亲的心。在家里匆匆吃了一顿午饭,同弟妹们打了个照面,就走了。

那天下着濛濛细雨,母亲塞给我二十元钱,又叫来一辆黄包车。我坐进去,盖上车篷,前面遮上油布,谁都不知道里面坐的是什么人。车子慢慢拉着,我从缝隙中朝后看,只见母亲在雨雾中跟车走着,直到姨母家门口,才弯了进去。

我走的当天晚上,警察就来了。先把我家围起,然后进门到处搜查。

在我家搜不到,又把周围几个小名也叫"毛妹"的堂妹子叫来,拿着我的照片一个一个查对、盘问。最后把我母亲带到警察局,审问了十几个钟头。我母亲很有胆识,一口咬定我没有回家,连一封信都没有。下午出门是到自己姐姐家去的。他们一无所获。我们家又请姓郑的一位商会会长出面担保,才把母亲放了出来。这些情况我当时一无所知,是十年后我弟弟刘彬到延安参加革命时告诉我的。

当天下午我从家里出来以后,只能去找林蔚的一个老乡,开煤铺的周老板。他同情革命,同林蔚也有交情。我赴上海,林蔚去醴陵,两人来往信件就是通过他转寄的。我到他那里后,他从里屋一个隐蔽处取出两封信来给我。我一看,心便沉了下去:这不是我寄给林蔚的信吗!他说:"两封信放在这里不短时间了,没有人来取。醴陵方面可能出事了。你现在万万不能去,不能去虎口白白送死!"他叫我马上回上海,立即替我去买到汉口的火车票。没有买上,就送我上了帆船。船上脏乱不堪,航行三天三夜才到汉口。

万万没有想到,一回上海便得到林蔚在醴陵牺牲的噩耗。组织上本想暂时瞒着,怕我承受不了这个打击。曹子俊了解我,他认为必须马上告诉我,长痛不如短痛,他相信我会挺住的。

1928 年九十月间,易足三来上海向湖南省委(时设在上海)汇报,我才知道林蔚牺牲的详情。1928 年 3 月的一天晚上,林蔚、易足三、陈恭几个人正在城外开会,被敌人发现。他们几个人突了出来,在田埂上跑。林蔚高度近视,落在后面,被敌人一枪打中了腿,跌倒在水田里。他为了掩护同志,对冲上来的敌人说:"你们不必追了,我就是负责的。"林蔚被捕后坚贞不屈。敌人怕劫狱,很快就将林蔚在醴陵状元洲杀害了。

林蔚是留法勤工俭学生,后又去苏联,大约在 1926 年冬回国。我同他一起工作,朝夕相处两年,结为夫妻。由于革命工作的需要,我们婚后一个星期便分开了。临走时我们以不久重逢为期,没想到那次分别竟成永诀……

　　紧接着,郭亮也在1928年3月29日被杀害。他在岳阳任特委书记,因叛徒告密被捕。敌人逼他供出同志,他从容答道:"睁开眼睛没有一个共产党,闭起眼睛满眼都是共产党。"敌人知道从他那里得不到口供,急忙用专车把他押解到长沙。杀害后还把他的头颅挂在狮门口城头上示众。

　　我真有点承受不了这接二连三的沉重打击,仅仅两三个月,王一飞牺牲了,林蔚牺牲了,郭亮牺牲了……我悲痛欲绝,然而我没有被敌人的屠刀吓倒,这血海深仇,更坚定了我革命到底的决心。

三、留学莫斯科

我在上海住机关,正苦于无法活动,湖南已经回不去了,在上海,又没有职业掩护,开口讲话就要被人怀疑,怎么办呢? 这时,传来了莫斯科"劳大"要招新生的消息。周恩来(中央组织部长)、恽代英(中央宣传部长)决定派我去学习。

1929 年春节刚过,我们就出发了。一行七人,先坐的是上海到大连的客轮,挤在统舱里,一点不惹人注意。

临走时,恽代英亲自找我谈话。告诉我,"劳大"的前身是"中大"(莫斯科中山大学),是国共合作时 1925 年创办的,一开办就比较复杂,学生中既有共产党员又有国民党员。大革命失败后,1928 年改名"劳大",但国民党的势力也还存在,更主要的是受联共党内斗争影响,学校里矛盾斗争很复杂。恽代英叮嘱我,到那里不要去参加无原则的派别斗争,认真学习,提高水平,将来回国更好地从事革命工作。

我们到大连以后就坐火车,经哈尔滨、满洲里进入苏联。到苏联,就有人接我们了。

我们是"劳大"的最后一批新生,共有二百人左右,分成四个班。我分在第四班。同班的有孔原、钱瑛、袁仲贤、刘畴西、夏之栩、石景宜等。夏之栩是赵世炎的妻子,石景宜是陈乔年的妻子,本来都在上海住机关。她们的丈夫牺牲了,组织上把她们送到莫斯科学习。给我们每一个人起了一个俄文名字,我叫尤克娜。中国同学之间互相以俄文名字称呼,在国内的情况等等都不交谈。叶剑英也是 1929 年去的。军训时他当了我们女生营的营长。当时也不知道他的真名实姓,大家叫他"老杨"。

"劳大"坐落在莫斯科市中心区沃尔洪卡大街 16 号。门前是一片广场,对面就是著名的莫斯科大教堂。学校的主楼是一座相当讲究的三层建筑。女生宿舍在离学校不远的嘎嘎林斯街。原是一个很大的跳舞厅,室内富丽堂皇。墙壁上方是一圈有花样图案的浮雕,立柱上也雕刻着花纹,屋顶穹宇绘满了彩色的宗教故事。床铺排得整整齐齐,一律"席梦思"床垫,洁白的床单,松软的鸭绒枕头。屋子里壁炉烧得暖烘烘的。在国内我还没有见过这么好的住处呢。

莫斯科中山大学旧址(沃尔洪卡大街 16 号),1928 年改名为中国劳动者共产主义大学

一到这里，我第一个认识的是帅孟奇。她来"劳大"已经一年了。我们一谈话就知道是湖南老乡。当时她已经三十二岁了，比我大八岁，我们都叫她大姐。她看我衣服脏得不堪，就把她的衬衣给我换上。她还详细介绍了学校情况，要我对国民党特务和托派保持警惕。我同帅大姐的友谊就是从这时开始的。

等这一批新生到齐之后，学校就统一给我们置装。从背心、裤衩、袜子到西装、大衣，里里外外全发新的。像我这样身材矮小的，量了尺寸定做。厚呢大衣穿在身上都觉得重，但到户外活动没有它顶不住零下二三十度的严寒。除了发皮鞋之外，每人还发了一双胶底的套鞋。那时莫斯科冬天遍地冰冻，要在皮鞋外面穿上这种套鞋，走路才不致滑跌。

学校校长是米夫，坚定的斯大林派。具体工作由支部局管。博古、王稼祥、夏曦等中国同志参加支部局领导。教学工作抓得很紧，第一学期主要开设政治经济学、社会发展史、党的建设和俄文四门课程。主讲的教员都是苏联人，中国人担任翻译，称助教。王稼祥同志就是教我们党建课的助教。那时他和张闻天、沈泽民、郭绍棠都在红色教授学院深造，中国学生称他们为"四大教授"。张闻天也到"劳大"兼课，他是1928年进校的工人班的指导员。有时学校开大会他也担任翻译。

"劳大"的学习是很紧张的。课堂提问要记分，考试也很严格。到学期结束，全班学生的成绩都张榜公布，压力相当大。所以每天早晨六点多钟起来就朝学校跑，学校要八点才开门，我们就在门外大草坪上读俄文。晚上九点多钟下自习才回宿舍。那么高的要求，我这样的知识分子都感到很吃力。

处在斗争的漩涡中间要想避免卷入斗争是很困难的。我虽然牢记恽代英同志的嘱咐，但置身"劳大"，就无法避免在一个又一个具体问题上表示态度，也就不由自主地参加争论。

我是个爱说爱笑、喜欢活动的人，有一定的文化，又经过白色恐怖的锻炼,进校以后党、团员登记时,我就担任了班上团的组长,还当了全校的墙报委员。"劳大"的墙报总的说来是支部局的舆论阵地,但不赞成支部局的观点也要力求反映,所以这里也是斗争的焦点之一。

我们进校之后争论的问题主要是教学计划问题。现在看来是没有什么了不起的,但当时却似乎严重得很。大革命失败以后因为在国内无法立足而被送来学习的这一批干部(其中不少是文化低的工农同志),大部分都不赞成支部局规定的正规化的教学计划。认为学制四年,按部就班地读那么多课程,还要学俄文,实在没有必要。国内革命与反革命的斗争那么激烈,希望经过短期训练赶快回国,学习一两年已经相当长了。支部局则坚持为中国革命长远打算,必须培养一批有理论根底的骨干,所以一定要进行正规教育训练。而拥护支部局的同反对支部局的在教学问题上孰是孰非的争论又不是一个孤立的问题。因为当时共产国际同中共驻共产国际代表团之间有矛盾,联共党内斯大林同托洛茨基派的斗争还在激烈进行,而支部局是得到共产国际和斯大林支持的,因而拥护支部局的中国同志对中共代表团也多有抵触。

像我这样的人,同中国革命和中国共产党的感情很深,心中燃烧着复仇的火焰,希望得到学习提高,早日回国投入斗争,很自然地并不赞成支部局的教学计划,对拥护支部局的同志那种反对中共代表团的态度也不满意。而像我这样的人,在"劳大"学生中占的比重很大。这样,在平时,争论就是不可避免的了。尤其是在墙报委员会里,后来几乎天天都要争执。那时墙报几乎每天一期,而墙报委员会主席陈昌浩就是坚定地拥护支部局的一个。

1929 年暑假,"劳大"的学生都到黑海海滨度假。疗养所就成了两种不同观点的同志互相争论的场所。暑期结束,回校后召开学校工作总结会议,激烈的争论在这次会上总爆发了。会议开了十天十晚,称为"十天会议"。我都参加了。两下发言的主要是老生。1928 年、1929 年去的新

生,大多像我一样听他们辩论。会场上很混乱,赞同时鼓掌、欢呼,反对时起哄,因为两派观点尖锐对立,所以鼓掌、欢呼的声浪和嘘声、起哄声常常混成一片。激烈的时候甚至挥舞拳头,相互威胁。争论的问题主要是教学计划的问题、大革命失败的是非问题、中国革命的理论与策略问题。

"十天会议"结束时进行表决,形式上支部局一边取得了多数,实际上许多人弃权,而弃权的人其实都不是赞成支部局的,只不过有顾虑而没有明确表态而已。

"十天会议"进行的时候,联共党内已经在进行"清党"了。"十天会议"的混乱局面,使得学校领导以至联共、共产国际都认为"劳大"学生党员队伍严重不纯,决定进行"清党"。不久就在联共监察委员会直接领导下成立了清党委员会。

"清党"的主要目标当然是清除托派,但实际上是严重扩大化的。在"劳大"最根本的一条是看对支部局的态度是拥护还是反对。虽说清党同时也要查阶级、查历史,看对中国革命问题的认识,但这些都不起决定作用。简而言之,你是拥护支部局的,就是政治立场坚定正确,就是动力,即使其他方面有些问题也不要紧;你是反对支部局的,就是政治立场动摇以至错误,就是对象,即使出身好、有革命资历,也得检讨甚至受处分。我没有坚决拥护支部局,在若干问题上还表示不以为然以至反对,也就成了清理对象。

各个班都成立了清党委员会,主持者都是联共派来的老布尔什维克。清党开始进行学习之后,就是各人写材料。要求把自己的家庭出身、经历、来"劳大"后的表现、在各种问题争论中的观点都写下来。每个班都有翻译,派到我们班负责翻译的是张琴秋。她把各人交的材料都摘要译成俄文给苏联的清党委员们阅读、研究。

极其严格的清党大会一个班一个班接连着进行。这一个班开会时其他班的学生都可以参加。个人自己先作自我介绍后检讨,然后就是群众性的揭发和提问。问题答得不好，或者挑出许多毛病，前途就很堪担忧了。记得翻译班有一位老生，正在热恋中，因到列宁格勒去会对象，赶回来匆匆忙忙参加清党会议，对富农问题、革命动力与对象问题等中国革命的理论和策略问题都没有答好。这位同学家庭成分高，平时斗争中态度不明朗，就说她是"调和派"，对清党不重视，后来竟被开除了党籍。

清党大会延续了好长时间，批判非常尖锐。一个一个过了一遍以后，就宣布休会。休会期间，清党委员们研究每个人写的材料和大会的揭发、批判情况，作结论，确定给予什么处分。最后是以班为单位分别召开大会宣布结论。

主持我们班清党的是一位五十来岁的老布尔什维克。开会之前，我问那位主持清党的俄罗斯老头，给我什么处分。他笑着说"开除党籍"，我说"不会"。我知道自己问题不大，又没有参加什么组织和集团，负责清党的老头显然是开玩笑说的。正式开会了，清党委员们面对大家坐成一排，十分严肃。由重到轻，逐个宣布处分决定。我在最后，给的处分是"劝告"。当场有同学提出对尤克娜的处分轻了，另外一个同学达拉索娃（即钱瑛）跟她差不多，给的处分是"警告"。那位老布尔什维克解释说，他们的情况不同，尤克娜是在国内白色恐怖下经过考验的，她一贯对党、对革命是忠诚的，这次是在具体问题上犯了个别的错误，处分应该轻些。我当时听了，真感激他能这样深地理解同志，这样宽厚地对待同志。

"清党"结束，老生中受开除处分的不少，都被送回国去了，"劳大"也就在1930年4月间解散了。我受的处分很轻，决定和一部分新生一起留在列宁学院继续学习。但是，从我内心说来，已经不想再在莫斯科读书了。我把想回国的愿望向"劳大"最后一任校长克莉赛诺娃倾吐，她很同情，表示可以考虑我的请求。

就在这时，中共驻国际代表团应国内提出的要求，要在中国学生中抽调一批人，培养训练为搞无线电的专门人才。此事由驻国际的中共代表

团周恩来同"劳大"女校长商议,得到女校长同意。周恩来提出了一个名单,记得共有十一人,有朱自纯、李敬永、夏曦的妻子谭国辅,我也是其中之一。

我本来一心想回国,不大愿意学无线电。校长传达中共代表团的意见,要求我们在这里学会一样本领,回国后容易找到职业,便于掩护革命工作。我在上海时已经尝到过没有职业掩护的苦处。那时中山大学毕业的学生也都要到工厂去实习,学一样本领。这样,我就打消了回国的打算,于1930年底进入共产国际办的国际无线电学校学习了。

这所学校确是国际性的,学员除中国人外,还有美、英、德、保、罗各国人。学校设在莫斯科郊区,极端秘密。平时都不进城,因为城里有国民党政府驻苏使馆,怕进城被国民党特务发现。休假进城,就住在学校的一所小招待所里面,也不让到靠近使馆的街道去。

学习的内容很专,有无线电原理,有无线电制作,还学收发报技术。记得理论课是一个苏联的犹太人教的,由李敬永当翻译。李敬永在交通大学电机系读过两年,1926年到莫斯科中山大学,他英文、俄文都好,莫斯科出版了他翻译的恩格斯的《家庭、私有制和国家的起源》中文本。课程经他一讲,很清楚,容易懂。

我们这十一人是进这所学校的第二批中国学生,第一批学生中有徐以新。我们这些中国学生学习都是很用功的,无论是理论课程还是实际操作,都学得很好。

1931年冬王明从上海到莫斯科,开始把这批学无线电的人陆续派回国去。记得李敬永是1932年初回上海的,这时朱自纯已同他结婚,他们就一起回上海搞与国际联络的电台。

1932年冬,我完成在这里的学业正式毕业,盼望着能够立即返回祖国投入实际斗争。有一天,莫斯科冰雪盖地,可是我的心中却像春天般地温暖,共产国际交通部长阿勃拉莫夫亲自接见我,通知我回国到中央苏区工作。

我久已盼望的这一天终于来到了。我从 1929 年 2 月赴苏,远离祖国,客居异邦,已经快四年了。在国际无线电学校也已经学习两年毕业。同学中间,朱自纯同他的丈夫李敬永,还有我长沙女师的老同学谭国辅,都已经回国了。

组织上安排我同另一位女同志结伴同行,给我发了 70 美元路费,交代了一路上的联络办法,我们就启程回国了。

火车越过乌拉尔山在西伯利亚大平原上奔驰。到赤塔下车换装。有人领我们到一个交通站,工作人员大多是朝鲜同志,他们中文、俄文都能说。在这里我们把穿的苏联服装全部换掉,穿上缎子棉袄、皮袍子,装扮成富商家里的两姊妹。然后把我们送上了一个火车头。

这列开往中国的国际列车,不用说是肩负着秘密任务的。这时日本已经占领了东北,边境比张作霖时代控制得严得多。车到满洲里,日本人就上车厢检查。这时,我们坐的火车头就同车厢脱钩开出去上水,开了一段,车头喷出一股股蒸汽,车长对我们说声"下去",我们就跳到了地上。蒸汽变成的浓雾包围着我们,还没有等我们定下神来,我们就被两个女人带上了停在旁边的汽车。等汽车启动,火车头也已经开走了。前后不过两三分钟,我们就在公路上奔驰了。直到在一座简陋的平房前停下,谁都没有说一句话。进了门才热情地招呼我们喝水、吃饭,安排我们睡觉,但姓甚名谁,从哪里来到哪里去等一概不问不谈。过了两天,给我们买来去哈尔滨的车票,送我们上车,我们就又继续前行了。

到哈尔滨接头的交通站是一家湘绣店。联络暗语现在想起来还觉得怪。我们趁柜台前没有顾客的时候走上去,说:"老板,买伞。"他打量了我们一下,连忙说:"买几把?"我们答道:"有几把买几把。"他就把我们让进了里屋。我们在哈尔滨也没有逗留几天,湘绣店老板就给我们预备好了车票,并告诉我们到上海的联络办法。

由哈尔滨到大连,再由大连坐船到上海,已经是三月江南早春时节了。我在上海住过机关,但没有怎么出去活动,竟不知道霞飞路(即今淮海中路)在哪里。我们"两姊妹"向人一打听,很快就找到了法租界上这条有名的马路。我们到了指定的那家小理发店,往理发椅上一坐。正要理发时,我拿出一张日元钞票晃了一下,理发师点点头,后来就招呼我们到里屋,交代我们到"孟渊饭店"住下,耐心等待,自会有人找你们的。

"孟渊饭店"在闹市,我1928年从湖南来上海就住那里,有我们的内线。过了两天,果然有人来敲门了,来找我的是夏之栩。老同学见面,分外高兴。她告诉我,国际已来电报,要你到中央苏区去。在上海的电台台长是王大哥,也是国际无线电学校同学,我只记得他的俄文名字叫瓦西金。他让夏之栩问我自他们走后有没有学到新东西,我说没有,夏之栩就说,那就不要见面了,你先在这里等着吧。就在这次同我接头后不几天,夏之栩被捕了,所以后来是由一个叫巴本的男同志来,带我到一个交通站住下。这时同行的女同志已分配工作走了。我此后又转了两个地方,才盼来了苏区的交通员。

这个交通员叫黄华,18岁,机警勇敢,吃苦耐劳。我和一个男同志一起,跟着这个交通员走。我们先坐一段火车到安徽,以后就一直靠两条腿走路。那个男同志有肺病,身体弱,我一个女同志,也不强,一路上黄华处处照顾我们。爬山的时候拉一把,过河的时候干脆背我。一路走了四十天,经过闽西游击区,又经过赣东北游击区,脚上打了许多血泡,破了又打,打了又破,到赣东北根据地建宁时我的鞋子已经破烂得不能穿了。那时赣东北的财政厅长是毛泽民,他让我从缴获和没收来的鞋里挑了一双橡胶底鞋,还给我们一匹白马和一个饲养员。从建宁出发,我同那个患肺病的同志总算可以轮流骑马了。

到6月初,我们终于到达了目的地。

算起来,从离开莫斯科到到达瑞金,花费了将近半年时间。离开莫斯科时,一路上冰封雪飘,白茫茫一片,如今来到中央根据地,时令已是初夏,满山遍野杜鹃花怒放,真是映得山红!江西属红壤地带,土地也呈红色。这时我的心情正同这红的国土、红的山野一样热烈。

四、瑞金一年

1932年冬,我在阔别祖国四年后被派回国,1932年6月到达中央苏区的政治中心瑞金。

到瑞金后,我先同邓颖超同志接头,她当时是中央局秘书长,交通归她管。我同邓大姐是1928年在上海认识的。我曾代表湖南省委到上海向中央汇报,要头(领导人)要钱。那次还同邓大姐谈过妇女工作。时隔五年,她还是一下就认出我来,亲切地喊起来:"哟,小杰回来了。"我原名叫郑杰,"刘英"这名字,是到中央苏区后才起的。

虽是第一次来瑞金,但一点也不陌生。在这里我有许多熟人。除了恩来同志夫妇之外,担任过《红色中华》主编、现任内务人民委员的周以栗,是我敬爱的老师。我读长沙女师时,他同罗学瓒、陈章甫等都教过我。组织局长罗迈(李维汉),是我的老上级,1928年我到上海时住在他家,冒充过他的姨妹子。搞无线电的曾三是我在长沙一起搞学生运动的老熟人,他的妻子在上海搞交通站,还让我带给他一张他还没有见过面的儿子的照片。博古(秦邦宪)、洛甫(张闻天)、稼祥(王稼祥),也都认识,算起来是老师一辈。

毛泽东的名字是早就听说了,一直没见过面,到这里以后有一次在张闻天那里遇上,经介绍才认识。我的老师周以栗是毛主席的同班同学,由于这一层关系,所以他对我更加爱护、关心。

总之,我觉得,到了瑞金我就是回到了家。

原来熟识的同志,见我回来,都很高兴。博古说,这下我们电台增加了一个女营政委！他要我去电台工作。我到电台转了转,看到那里的同志干得挺好,并不缺人。

我生性爱说好动,喜欢做群众工作,就向罗迈提出,恩来同志当年分配我学无线电是为了好找职业掩护,现在到了苏区,不需要掩护,我熟悉群众工作,还是让我干群众工作吧。罗迈同志知道我的长处和短处,说:"好啊!"当时凯丰是少共中央局书记,他知道我回来了,要我到少共中央局去工作。得到博古同意,罗迈就把我派了去。

少共中央局聚集了一批能干的年轻人。张爱萍同志是少先队负责人,儿童团的负责人是陈丕显,只有17岁。耀邦同志那年18岁,后来当了秘书长。我去了,先让我担任少共中央局的巡视员。

瑞金下霄村苏区中央局旧址。当年少共中央局驻地离这里很近

少共中央局的驻地在下霄村,同党中央局离得很近。那时没有等级观念,领导和下面同志相处,不分彼此,亲密无间。

记得刚到瑞金不久,我就接到洛甫的一个电话,说:"尤克娜(我留苏时的名字),今天我们要打你的'土豪'!"从外面来苏区的人,组织上都发给一笔路费,一般能余下几个钱,拿出来请客吃了,叫做"打土豪"。我知道这个规矩,快吃晚饭时就到他们那边去。闻天、博古、小开(即潘汉年)等同志,加上少共中央的同志,大约十来个人簇拥着我。我看邓颖超同志没有动,就问她为什么不去,她说:"小杰,我不去打你的土豪了。"原来她没有雨鞋,我给邓大姐留下一元钱买鞋,和同志们走了十来里路到县城馆子里,美美地吃了一顿熬豆腐、红烧肉之类,把剩下的十来元钱花光了。

当时大家都年轻,每天晚饭前后,常聚集在树下草地上打山歌,还爱搞点体育活动。爱打篮球的,吆喝一声上球场去了。洛甫和陈云、潘汉年爱打乒乓球。宣传部和组织部在一个小楼里办公,洛甫、小开住楼上,博古、陈云住楼下,楼下客堂间里用方桌子拼成球台。我去看热闹,他们总要喊:"刘英,来一盘!"乒乓球拍是木板的,上面打了几排圆眼子。洛甫是右手横握拍,球打得挺好。

难忘的还有学跑马。少共中央局的同志们半开玩笑地说,不会骑马可不能干革命啊!我就学开了。先是由别人牵着马走,后来可以一个人骑在马上慢慢走了。有一次,张爱萍同志等骑着马小跑过来,挨近我身边时喊道:"刘英同志,跑马哟!"说时用马鞭将坐骑一抽,一溜烟地奔驰而去。我的马一惊,撒开四蹄就跑,把我从马上摔了下来。他们很快跑回来,说是开个玩笑。按他们的理论,不跑不摔学不会骑马。我好强,说没摔着,跟着你们跑,天下没有学不会的事!就这样,我学会了骑马。这个基本功很有用,以后我去闽西、赣南都骑马。

毛主席和王稼祥同志,一个养病,一个养伤,一起住在《红色中华》编辑部的一个空房间里,离少共中央局不远。傍晚散步,也常常弯进来坐一坐,说说笑话。稼祥是红军总政治部主任,四次反"围剿"被打穿肠子。下面部队都很关心他,有了战利品,总是"进贡"一点给他。稼祥同志会来招呼我:"刘英,快来揩点油,改善生活嘛!"其实所谓战利品,大多只是一点面粉,一点盐。吃上一碗面条,就算是生活大改善了。那时的生活确实艰苦,粮食不够吃,每人一个小蒲席包,挂上名牌,放进锅里去煮,干粥烂饭,还夹着沙子,直硌牙。缺油缺盐,有时只放一点又苦又涩的硝盐,更不用说吃什么菜了。但亲密无间的同志情谊,崇高的理想,使我们感到生活得充实、愉快。

到少共中央局当巡视员后接受的第一个任务,是到福建团省委巡视工作。

福建省委设在长汀,原来的团省委书记冯文彬,调到少共国际师当政委去了。接替他的是一个十七八岁的年轻人,工作一时拿不起来。我去后,帮他出主意想办法,很快发展团员的工作就开展起来,完成了任务。省委一班人,书记陈潭秋、妇委李坚真、宣委方方对我印象都很好,要求把我留下来。少共中央局也就任命我为团省委书记。

福建省开党代会时,洛甫同阿金(金维映)一道来参加。他们是代表苏区中央局来的。记得会议是在一个小村子里开的。会议期间,宰了猪会餐。猪皮、下脚煮了当夜宵。洛甫很爱吃肉皮,猪毛没有搞干净他也不在乎。这次会议,我同洛甫接触的机会多,相互有了更多的了解。

我去福建时天气还暖和,棉衣都没有带。闽西的冬天相当冷,冻得我嘴唇发紫。陈潭秋同志把身上的棉袄脱下来送给我,自己仍穿破棉袄。我就请老乡给改了改,穿上。长征途中,我穿的就是这件棉袄。

1934年1月,我回到瑞金。先列席党的六届五中全会,后又参加了在沙洲坝临时政府礼堂举行的"二苏"大会(中华工农兵苏维埃第二次全国代表大会)。会后,我被留下担任少共中央局宣传部长。

我当了宣传部长以后,有一次去看望毛主席。他说:"你嘴巴子很伶

俐,能说会道,不过当了宣传部长,讲话的对象不同了,可要注意通俗化啊。你宣传的对象是农民,长篇大论不灵,学生腔也要不得。就是湖南人的腔口也要变一变,要向江西老表学说话呐!"毛主席本人确实会做宣传。他讲活生动风趣。在"二苏"大会上做报告,讲到婚姻法,怕群众思想不通,毛主席就说,结婚年龄男的二十岁,女子十八岁。为了革命,青年同志要忍耐着点啊!说得哄堂大笑。

我在少共中央局的主要工作是培训青年干部。说起来很有意思,我读的是师范,可是没有当过教师。这辈子真正搭上教育工作边的,还就是在少共当宣传部长这两三个月。我办了一个红军青年宣传干事训练班,给他们较系统地上团课。为此,我还主编了一本《青年读本》。马克思共产主义学校(党校)有个青年班,请我去讲过青年团的任务,还讲过团的建设。我的宣传能力和组织能力都得到提高。

1934年4月底,第五次反"围剿"在错误路线指导下,形势很不利。为了支援前方,扩大红军成了当时战斗动员的中心。

5月10日左右,罗迈把我找去,要我到江西省的于都县去当扩红突击队队长。我立即带领十多个突击队员,赶到离瑞金180里的于都。我们决定开展轰轰烈烈的政治动员,掀起一个欢送红军,优待红军家属的热潮。

5月16日在县里开了突击队员与区委书记联席会议。我去作报告。讲第五次反"围剿"的严峻形势,中央的决心,讲贫雇农分得了土地,大家来当红军,拿起枪,保卫自己的土地;并且对放弃扩红突击,回家莳田的现象作了批评。大会后,突击队员分派到各区,召开动员大会,分工落实任务。

送红军的热潮掀起来了。江西老乡喜欢打山歌,一打山歌,劲头就来了。"一送郎哥去当兵,革命道路要认清……""老妹送郎当红军,这条手巾寄深情;手巾绣上七个字:永远革命不变心!"山歌打得很红火。老婆婆、年轻媳妇、妹子都动员起来做草鞋。这种草鞋是布底、布帮,轻便而结实。江西妹子手巧,纳鞋底都纳出好看的图案,心细的还绣上字。同时我们还注意解决参军青年的切身问题,发动优待红军家属的运动。所以青壮年劲头很大,开欢送会时没有一个哭的。

扩红还有一条重要的经验是依靠骨干。干部党员带头,群众就跟上来了。新陂、古田等区,更是干部带领模范赤少队,整营、整连、整排地参加红军。我们按地方编营、连,不改编。这样做,家属放心,路上也不开小差。

原规定三个月扩红二千二百名的任务,我们一个半月就完成了百分之一百五十。

这次于都扩红,还碰到肃反问题。当时有一种逻辑,扩红搞不起来是因为反革命捣乱。抓起反革命,扩红就搞起来了。于都开头未搞好,在会昌巡视的领导同志来电话,要三天找出反革命。县保卫局抓了一些人。我同县苏主席、扩红突击队副队长张振芳去看了审讯。从许多迹象看,我觉得被抓的许多人是冤枉的。正在为难时,收到洛甫("二苏"大以后他任人民委员会主席)写给我们的一封长信,首先祝贺扩红胜利,接着要我们注意,肃反不能乱来。对扩红不积极的群众,要进行思想发动,而不是当反革命抓起来。我们如释重负,很快把这批人放了。

6月下旬,我带着完成任务的喜悦,从于都回到瑞金。路上遇到邓小平同志。他伸着大拇指对我说:"不鸣则已,一鸣惊人!"我一时莫名其妙,他忙解释道:"这是项英在政治局会议上说的。他夸奖你扩红搞得好,都登报了。"小平同志一副兴高采烈的样子。我回到驻地,跟贺昌(总政副主任)谈起小平乐观的劲儿,他瞪大眼睛愤愤不平地告诉我:"你还不知道? 小平正倒霉呢! 他的中心县委书记被撤了,家都散了,现在调到《红星报》当编辑了。"我说:"看他那模样,像一点事儿都没有。"打那以后,我从心里佩服他。

于都扩红的消息的确登上了 6 月 21 日《红色中华》报的头版头条。扩红运动总结时,中央军委武装动员部还奖给我们一面光荣旗,上面写着"于都扩红超过二倍半"。每个突击队员还得到军帽、手巾和书等奖品。

于都人民对革命的热情与忠诚,一直铭记在我心里。

于都扩红任务完成以后,我担任过一段赣南战地委员会委员,负责组织工作。8 月仍回少共中央局,改任组织部长。

1934 年 9 月 2 日,中央又发出动员令,要求 9 月 27 日前,动员三万青壮年加入红军。9 月中旬的一天,罗迈找我谈话,派我再次去于都扩红。我表示为难,于都现在妇女是多数,时间又这么急促。罗迈说,这是党交给的任务,相信你总有办法。我不好讨价还价,立即跑马赶赴于都。

我到时,当地才动员了二百五十五人参军,离四千五百人的任务相差十万八千里。我急得团团转。这时于都已成了赣南省委的所在地,毛主席正在那里巡视工作。我除了按规定天天用电话向罗迈汇报,三天写一封鸡毛信报告情况外,还天天到毛主席那里去请示。

他打摆子刚好,身体还很虚弱,垫着棉被靠在床上听汇报。我讲了剩下的青壮年不多,扩红很困难,大家缺乏信心,不知怎样才能完成任务。

毛主席说:"要开会,把突击队员、区委书记都找来开会。"我说:"再开会,就没有时间了。离规定的期限只有不到十天了。"

"不,一定要开会,思想不打通,再有时间也完不成任务。"毛主席坚持要开会。

我说,突击队员都分散到各区去了,通知也来不及。毛主席说,这好办,我有四个警卫员,叫他们跑马到各区去,口头通知。他把四个警卫员叫来,让他们把通知内容复述了三遍,立刻出发。

这一着果然行,9 月 19 日全县活动分子紧急会议如期召开。离长征出发只有二十天。

突击队员、区委书记坐了一屋子。毛主席也拖着虚弱的身体来了。

我先做报告,把这几天了解的情况,毛主席的指示,罗迈的意见,都融汇在一起讲了一遍。

我讲完后,下面一个劲地鼓掌,要求毛主席讲话。我连忙说,毛主席打摆子刚好,身体虚弱。我的报告就是传达他的意见。越这么说,下面鼓掌越来劲,欢迎毛主席讲话。

毛主席站起来说:"好,我就讲五分钟,讲'决心'两个字。"毛主席围绕为什么要下扩红的决心,深入浅出地讲了反"围剿"形势的严峻。又从对待困难的态度,讲下决心的重要作用。最后鼓励大家下定决心,不怕困难,去完成扩红的任务。

第二天下午各区又开活动分子大会进行动员,很快于都的扩红运动有了转变。《红色中华》9月26日发表长篇报道,说于都"过去最严重的问题是群众逃跑登山,自会议后各地争取逃跑群众回来的工作,收了最大成效"。

不过毕竟四千五百人的指标太高了,到9月底,我们动员了将近一千人参加红军,已经很不简单了。但按完成任务来说,只达到百分之二十,真是难煞人啊!

就在这时,中央红军决定离开江西根据地突围西征。我接到通知赶回瑞金,第三天就踏上了二万五千里长征的征程。

五、长征：难忘的
三百六十九天

　　从 1934 年 10 月 16 日踏上长征之路，到 1935 年 10 月 19 日到达陕北吴起镇，我作为红一方面军三十个女战士之一，走完了二万五千里征程，跋涉了三百六十九天。这是永生难忘的三百六十九天。回想起来，无数悲壮的场面、惊险的经历，历历在目。长征途中种种复杂的斗争，也深深刻在我的脑际。长征精神，对于我自己是一种永不枯竭的鼓舞力量。

　　1934 年 10 月初的一天，我正在江西于都，考虑着该怎样完成第二次扩红任务，突然，毛泽东同志出现在我面前。那时，他到赣南省委来巡视，住地离于都县委近，我经常去请示、汇报工作。毛主席神情严肃地对我说："刘英同志，告诉你，马上回瑞金，有特别任务！"

　　我不知道"特别任务"是什么，就说："扩红任务还没有完成，我怎么能走呢！罗迈没有通知，我可不能走。随便回去要挨批哩！"

　　罗迈当时担任中共中央局组织部长，是出名的"铁的纪律"。他亲自抓扩大红军的工作，我是他任命的于都扩红突击队长。

　　毛主席见我不肯走，也没有再说什么，带着警卫员先走了。

　　我心里正在嘀咕，毛主席又折了回来，他对我说："刘英，你一定要走，不能不走，有特别任务啊！我也要回瑞金了。"

　　他把"特别任务"几个字说得很重，露出神秘的眼色，可那时我怎么也没有意识到"特别任务"就是突围，就是撤离苏区。

过不多时,电话铃响了,是罗迈来的电话,通知我快回瑞金。我说:"于都扩红的任务还没有完成呢!"他说:"任务没有完成不要紧,现在有特别任务,你快回来。"

　　我模糊地意识到有什么重大的事件发生了,急忙收拾好行李,骑上马,带着警卫员回瑞金。

　　于都到瑞金一百八十里,一天就赶到了。到那里我才知道,所谓"特别任务"就是要突围,要从根据地打出去。听人说,张闻天在《红色中华》上写了社论,好像是在作大转移的动员,因为文章中说我们要依据当时的环境来决定斗争方式,必要时要采取退却、转移的办法,以保持军队的有生力量。还说,国内战争是长期的,不是几年就能完成的,等等。我顾不得找报纸看,立即到少共中央局(我那时是组织部长),得到凯丰留给我的一封信。信上说,他到部队去了,少共中央局的事要我安排。凯丰的信上写明,少共中央局机关谁走、谁留,走的人中哪些人有马、有警卫员。走的人每人可以带二十斤行李。那时还没有长征这个名词,走的叫上前方,留的叫在后方。少共中央局的干部中,张爱萍(少先队总队长)已经先到部队去了,胡耀邦(秘书长)、赖大超(儿童团书记),还有几个年轻同志都在跟红军一起突围的名单上面,我立即通知他们做好准备。走的同志接到了通知,哪些人留下坚持游击战,也就明白了。陈丕显同志当年才十七岁,大家都亲切地叫他"阿丕",准备调任赣南团省委书记。他很想随大家一起走,但名单确定他留下。阿丕向我表示,希望走。

　　我去见罗迈,替阿丕请求。罗迈听了,脸一板,说:"凯丰的条子呢?"我连忙拿出来,他叫"烧了",说这是中央决定的,谁也不能改变。

　　那时,罗迈管组织,高级干部的走和留都是由最高"三人团"(博古、恩来、李德)讨论(罗迈一起参加)决定的。中层干部由各单位负责人根据规定的人数提出名单报给罗迈。

　　我为阿丕请求碰壁,回来只能劝慰他:"前方和后方是一样的,你年

纪小,又是本地人,便于隐蔽,留下坚持吧。我们将来还会见面的!"就这样,陈丕显留下,坚持赣南游击战。一别十五年,直到解放后才在上海见面,这时阿丕已经是苏南区党委书记了。

安排好工作,我去看望毛主席,他正同稼祥同志在准备担架呢。他见到我,挺高兴,说:"叫你走,你不走,不走就把你丢了!"我说:"你怎么不早告诉我?光讲'特别任务'!"他说:"军事秘密,不便明说。"我问他身体可吃得消,因为毛主席9月在于都患疟疾,很严重,刚刚恢复,身体相当虚弱。他说:"你看,我们设计了担架哩。我和稼祥,一个病号,一个彩号,抬着走。"他同稼祥颇为得意地向我介绍他们的"杰作"。这种担架,竹子抬杆,长长的,爬山方便,抬起来省力,上面用油布做成弧形的盖,好像南方江河里的船篷,不怕雨淋日晒。他还打趣说:"刘英,你要坐担架试试吗?"我笑着说:"我又不是病号,又不是伤员,我骑着马跑,神气哩!"

就在回到瑞金之后的第三天,我们踏上了征途。

出发前,罗迈找到我,让我在"红章"纵队当巡视员,跟司令部一起走,管无线电台,做政治工作。那时除野战军团外,军委机关编成一个纵队,叫"红星"纵队,党中央和政府机关、后勤部队、卫生部门、总工会、青年团等编成一个纵队,叫"红章"纵队,司令员是罗迈。

按照干部配备,我当时有马,还有一个警卫员。随身带的东西就是毯子、换洗衣服和大约够吃十天的口粮,都放在马鞍子上。腰间皮带上别一支小手枪,挂一个白搪瓷缸子。我骑在马上随着队伍向于都前进。周围是一片熟悉的景物。这一年里,我已经在瑞金到于都这条路上来往几趟,红色土壤里青青的秧苗,已经变成成熟的稻谷,可是我们现在不得不离开这块土地了。

于都河上,工兵已经架好了浮桥。我们的队伍,在夜色的掩护下,陆续从浮桥上通过,向西前进。

"红章"纵队是一支少见的庞杂的队伍。这里有贺诚同志领导的二梯队，主要是野战医院，还包括休养连。这个特殊连队里有徐特立、谢觉哉、董必武等老同志，邓大姐患肺结核吐血，只能在担架上被抬着走，还有不少女同志和体弱的同志也都在这个连里。第三梯队是叶季壮担任司令，负责后勤部、供给部，搬运所有的家产，从兵工厂的机床到刚造出来的炮弹，从印刷钞票和书报的机器到办公桌椅，从发电机、电台到成捆成捆的电线，还有各种文件、档案，以及对红军来说是至关重要的金库——用驮子或挑子装起来的金银财宝。虽然有一些牲口，但搬运任务主要是由几千名新兵运输员和招募的挑夫承担。

这真是一次大搬家。但出发的时候组织得不错，行动缓慢，然而有秩序。因为是在根据地的地面上走，所以也没有什么损失。

过了于都河之后两三天，我才看到毛主席。原来他在于都还同留下坚持工作的干部开了会。

过了于都河后的一段时间里，队伍比较平稳，似乎离开了"围剿"进攻的敌人，可以去我们想去的地方了，虽然我们的目的地在哪里并不怎么明确。

我问毛主席："你9月份到于都是有'特别任务'的吧？"

毛主席这才告诉我，他来于都主要的任务是察看地形，选择突围的路线。现在我们利用枯水期，在选定的地点架了五座浮桥，安然地过了于都河，走的就是毛主席选定的路线。

我又问毛主席："我们走到哪里去呢？"

他说："不知道。"

我说："也是军事秘密吧！"

他正色道："确实不知道。"

那时部队的一切行动由最高"三人团"决策，他们开头大约是想到湖南西部，同在湘鄂川边区的二、六军团会师，但具体怎么走，连他们心里都

不是很有数。

队伍逐渐进入国民党统治区。前方部队开路,后面部队保卫,中央纵队好像坐在轿子中间,一路西行。虽然并不直接同敌人交火,但这么庞杂、笨重的队伍,行动起来困难重重,队伍前后距离拉得很长。

罗迈为了及时掌握整个纵队的情况,又把我从电台调回,组织一个突击队,十几个人,叫我当队长,检查整个纵队情况,向他汇报。为时不久,叶季壮的三梯队需要干部,罗迈又派我去那里担任政治部主任。

三梯队的艰苦困难,不亚于前方作战部队。秋雨绵绵,地上都是烂泥巴,肩挑背扛,都是重家伙。一个人挑着担子走已经不容易,几个人抬着辎重,要想合上脚步更是困难。因为要躲敌机,行军都在夜里,又不准打火把,有时一个晚上只挪上五六里地。吃得不好,在雨地里淋着,又没有好觉睡,人怎么受得了呢?人困得很,停下来就睡着了。罗迈为了防瞌睡,困了就往嘴里放辣椒。有时部队一段一段接不上,原来都站在地上睡着了。可怕的是有些体弱的病号,睡着了就再也醒不过来。更多的人是脚沤烂了,用破布包起来,一踏着地就疼得难忍,不能走路。离开根据地又越来越远,有的挑夫开小差溜了,老实的也流着泪请求让他们回去。临时雇来的伕子,不能走远。他们说,再走远,回去就会被认为参加了红军,抓起来就没命了。我努力鼓动,燃起他们的热情,对红军新兵运输员还可以,对伕子却没有多少效果。这样三梯队政治部又有一个扩伕子的任务,走一段换一批。但行军缓慢,疲惫不堪,严重减员的局面没有改变。

长征出发后,毛泽东、张闻天、王稼祥在一起行军,称为中央队"三人团",以同最高"三人团"相区别。中央队跟我们行军靠近,宿营地常常相距不远,我得空就到他们那里去,看望毛泽东、张闻天、王稼祥同志,有时也向他们作些反映。我每次去谈情况,毛、张、王三人都听得很仔细。听了我汇报的情况,他们叹息、摇头,感到问题严重。

在中国共产党具有伟大历史转折意义的 1935 年 1 月遵义会议上,当时担任中共中央政治局委员、书记处书记、中华苏维埃共和国人民委员会主席的张闻天,经过实践自觉摒弃"左"倾错误路线,坚持支持毛泽东的正确主张,对会议的成功起了重要的作用

真正改变这种局面,是在遵义会议以后。遵义会议批判了"左"倾军事路线,否定了"大搬家",改变了领导,整个队伍实行大整编。领导这次整编的是陈云同志。我参加了具体的工作。陈云同志气魄大,组织能力强,细致而又果断,长征途中好多次渡河都是他在渡口指挥。

这次整编把"红章"纵队的编制撤掉了。庞大的挑夫队伍解散,一些重家伙有的埋起来,有的干脆扔了。凡是能战斗的人,都调到前方去。迫击炮、炮弹、枪械分给各战斗部队。余下的人成立一个队,主要管资财、供给和档案,有一批挑子和驮子,带着文件档案和金银财宝,由杨立三当队长,毛泽民当副队长,我当指导员。经过这次大整编,队伍精干,行动灵活,再不像先前那样拖泥带水了。

过了不久,我被调到地方工作部。当时地方工作部聚集了一批善于做群众工作、能说会写的同志,男同志有贾拓夫、吴亮平、潘汉年、谢唯俊、王观澜等,女同志有蔡畅大姐、阿金(金维映)。部长是罗迈。地方工作部主要是做群众工作,每到一地,打土豪,分浮财,发动群众拥护红军。还有一项做得较多的工作是安置伤病员,伤得比较厉害,没有办法跟着走的,就同老乡商量,给一笔钱,留下来,住到老乡家里养伤。后来,地方工作部的任务又加了一项,叫做"撒种子",就是在打土豪、发动群众的过程中,发现积极分子,秘密发展他们入党,让他们在本地开展工作。

在地方工作部时,印象最深的事是在扎西听闻天传达遵义会议精神。

传达会议是在2月10日开的,刚过了旧历年。会场临时搭了个木板台子,连标语之类的布置都没有。参加会议的营以上干部随便坐在长凳子上,聚精会神地听传达。

闻天告诉大家,上月攻克遵义以后在那里召开了中央政治局扩大会议,对反对敌人五次"围剿"及西征作了总结。他说,我们不能粉碎"围剿"的主要原因不是客观的而是主观的,我们在军事领导、作战指挥方面犯了错误，敌人采用的是持久战与堡垒主义的战略战术，我们应该用决战防御（即攻势防御），集中优势兵力打敌人的弱处，在运动战中吃掉他一路或一部分，各个击破敌人，这样来粉碎"围剿"。用华夫（李德）的"短促突击"的战术原则来作战，使我们不能在运动战中消灭敌人。在苏区边界上到处造堡垒，以堡垒对堡垒，跟敌人拼消耗、拼子弹、拼人力，结果使中央苏区不能粉碎"围剿"。

闻天指出，决战防御的战略当然首先要求寻找有利时机与敌人决战以转入反攻和进攻，但是，在不利的条件下则要退却，避免战斗，以保持红军的有生力量。为了寻找有利时机，就是放弃一部分或大部分苏区的土地也是应该的。由此，他讲到这次退出中央苏区还迟了。7、8、9三个月，我们消耗了不少力量。其实，在广昌战役后，就应该退出中央苏区，保存有生力量。而10月开始西征的时候，我们思想上又没有明确转移是为了打仗，不是避难搬家。结果来了个大搬家，坛坛罐罐全带上，后方机关庞大，战斗部队只能变成掩护队。

我们从闻天的报告中得知，遵义会议批评了李德、博古的错误，作出了改变领导的决定，毛泽东同志当选为政治局常委，取消最高"三人团"，由周恩来和朱德指挥军事。关于党中央的组织领导问题，遵义会议决定由常委分工解决。到2月5日在"鸡鸣三省"这个村子里，常委分工又决定由闻天接替博古负总的责任（习惯称为总书记）。当时还有人在背后鼓捣，叫博古不要交权。所谓"交权"，就是把几副装有中央重要文件、记录、印章的挑子交出来。博古没有听，他说，应该服从集体的决定。这样他就把权交给了闻天，那几副挑子，就跟闻天走了。以后博古也逐渐觉悟过来，做了许多有益的工作。他在"七大"对第三次"左"倾路线检讨比较深刻。博古有捷才，善辩，是个能干的同志，不幸抗战胜利后在黑茶山飞机失事中和王若飞、叶挺等一起遭到了意外。

遵义会议会址

闻天做传达时,会场上不时引起议论。大家深受"左"倾路线之苦,本来就有不少不满和牢骚,现在中央的决定讲出了大家的心里话,好像拨开了乌云,看到了晴朗的蓝天。我本来只知道闻天理论强,听了传达,才知道他对战略问题也有研究。后来闻天告诉我,这方面主要得益于毛主席。他同毛主席在长征前曾在云石山一个小庙里同住过一段时间,长征路上又一直走在一起,关于中国革命战争的战略问题,他倾听了毛主席的许多精彩议论。

闻天传达报告之后,是自由发言,谁要讲就上台去讲,批评"左"倾路线的发言十分踊跃。

那天听传达时,潘汉年跟我坐在一起,他捣捣我膀子,叫我上台揭发罗迈。我知道潘汉年心里有怨气,因为罗迈把他打成了右倾机会主义分子,撤了他的职。事情是这样的,在中央苏区,潘汉年是中央局宣传部副部长。1934年4、5月间,他被抽出来,担任杨殷县扩红突击队长。当时在各县任突击队长的还有王首道、陆定一、金维映等同志。杨殷县是边县,红白来往,扩红困难大。潘汉年向罗迈反映情况,说到不少壮丁跑到白区去了,完全是实情。罗迈听了就说他右倾,把他的队长给撤了。潘汉年当时经过于都时来看我,对我说:"刘英,我已经被撤职了,你可要小心啊!"他告诉我,心里很颓丧,他愤愤地说:"这样的情况不反映行吗?反映了就说我右倾机会主义!?"刚才听了遵义会议传达,内中也批评到罗迈的"左"倾错误,他感到精神解放、舒畅,所以要我替他讲罗迈。

我站起来,走上台去。但我并没有讲罗迈(我当时觉得罗迈严厉还是为工作,再说潘汉年的事我也不是直接了解全面情况的人),而是点名道姓批评了凯丰同志。凯丰曾经是我的顶头上司,我了解他。我揭发凯丰在团内总是宣传博古为首的中央领导五次反"围剿"如何如何正确,遵义会议上又最顽固,不接受批评,强调客观困难,总是说五次"围剿"是蒋介石亲自指挥,又有德国顾问,又有一百万大军,好像反"围剿"失败不是战略方针和军事指挥的错误。

我批评之后,凯丰接着上台讲话,说:"刘英同志批评正确,我接受。我用那样的思想去影响同志,是不对的。"态度很诚恳。

扎西传达以后,干部们心里都豁亮了。在毛主席正确指挥下,主动灵活地同敌人周旋,完全改变了原先的被动局面。

1935年2月底,红军二占遵义城。第二天吃过早饭,邓小平同志邀我们地方工作部的同志:"去逛街呀!"我们一帮子青年男女有说有笑地跟上小平同志一道到了遵义街上。

我同小平同志是1933年到了中央苏区之后才认识的。他是乐天派,再大的困难也不在乎。长征这一路上,艰苦得很,只要同小平同志他们在一起,就来劲。他态度随和,善于联系群众,谁都愿意跟他在一起。聊起天来,天南海北,无所不谈。

20世纪90年代初参观中国军事博物馆时在张闻天画像前留影

我们这一伙青年干部,在遵义街上逛,挺神气的。刚打了胜仗,大家情绪高。遵义街上,贴了红红绿绿的标语,一派喜庆景象。正走着,迎面遇到了闻天。闻天跟我们点头打招呼,喊我。我就过街走到闻天跟前。他说:"到我那儿去聊聊,好吗?"我说:"好啊!"就跟他到了中央队的驻地。

　　第一次占领遵义的时候,朱德、恩来等红军将领住在黔军一个师长新造的豪华住宅里。遵义会议就在那里召开的。中央队毛、张、王住的是一个黔军旅长的房子,挺讲究的一座二层砖楼。二占遵义后,闻天还是同毛主席住在一起。这回住的是平房,是一个大户人家的院落,相当宽敞。

　　我到了他们的驻地,不见毛主席,忙问:"毛主席呢?"闻天说:"他到前方去了。"

　　闻天招呼我进屋坐下。早春季节,天气相当阴冷,屋子里生了一盆炭火,暖烘烘的。闻天吩咐警卫员彭健,去煮一点醪糟给我吃。

　　我们一向谈话比较随便,可这次谈着谈着就冷场了。我预感到闻天有什么要紧的话要对我说。我们吃着甜中带点酸味的醪糟,沉默着。闻天终于开口了,他表示我们互相都了解,他希望不仅做一般的同志……表达得比较含蓄。当时我一点没有思想准备。我对闻天向来怀着一种敬爱的感情,但从没有往"恋爱"两个字上想过。从"敬爱"到"恋爱",其间有一大段距离。长征开始,每天累得要死,有时连绑腿都不松,倒下去就睡,事实上也没有工夫想到"恋爱"两个字。我当时很生硬地回答:"我早有打算:五年不结婚!"

　　这么一说,这个话题只好搁到一边去了。谈到战争、工作,气氛又恢复了常态。闻天要留我吃饭,我说:"罗迈抓得可紧了,出来久了怕不好。"这样,他就让彭健送我回去了。

　　说实在的,我的话虽然说得很绝,但我的内心却怎么也平静不下来,一幕幕往事都涌上脑际。刚到中央苏区不久,是他来一个电话,喊着我的

俄文名字"尤克娜"要打我的"土豪";在中央苏区那座小楼的客堂间打乒乓球,总要喊:"刘英,来一盘!"第一次到于都扩红,得亏收到他写给我们的长信,使我们没有在肃反工作上乱来;第二次扩红,毛主席在于都打摆子,高烧不退,他立即派傅连暲星夜赶来于都,把毛主席的病治好了……这些事情,当时一点也不在意,这时回想起来,觉得闻天确实可亲可爱。不能否认,敬爱的感情确实在向恋爱转化。我不断警告自己,把爱情的种子深深埋藏起来,现在可不是讲恋爱、结婚的时候。这时婚后怀孕,对于女同志来说,简直是一种灾难。孩子生下来,又没法带,对于做母亲的感情上无异是一种酷刑。我看得多了。贺子珍怀了孩子,谁也没告诉,跟着队伍走,在长征路上生了,孩子只能撇在老乡家里。廖似光(凯丰爱人)在路上生了孩子,也只能撇下。这些孩子后来没有一个找到的。刘群先(博古爱人)说得俏皮:"行军中骡马比老公好!"这句笑话,说得很实在。我认准了:在征途上,要做工作,就不能结婚、生孩子;要生孩子,就别想工作。我不能选择后者。

遵义会议后,大约4月间,我接到李富春同志写来的一张条子。李富春当时是政治部代主任,地方工作部归他分管。条子上写道:调刘英同志到中央队代替邓小平同志工作,立即前往报到。

我感到非常突然,骑马奔到总政治部,跟富春说:"我是做群众工作的,中央队秘书长我干不了。"

富春笑呵呵地说:"刘英同志谦虚起来了嘛!不要紧,到那里自有人会帮助你嘛!"我性格直爽,平时有什么说什么,分配的工作再难也不推辞,有点湖南辣子的泼辣劲,所以富春笑我谦虚。后一句话当然是影射闻天了。我知道富春和蔡大姐两口子也觉得我跟闻天合适。

我只得拿起条子到中央队去报到。恰好只有毛主席和王稼祥同志在。

毛主席问我:"你知道谁提议你来的?"

我说："李富春呗!"

他说："是我提议你来的。在后梯队太累,你一个小女子要拖垮的。小平上前方了,这儿有个女同志就行。"

我说："小平同志能文能武,精明能干,我怕做不了。"

他们两个一迭声说："你做得了。"他们向我解释,前方要加强,小平同志很有才干,所以调他到前方去,让他更好地发挥作用。

正这么谈着,闻天回来了,他也说："你完全能做。工作不多,主要是做警卫队的思想工作。思想工作不做不行,你在这方面有经验。再一个就是管我们这些人的生活。还有,开会时做个记录。"

就这样,我当了中央队秘书长。

朱老总、恩来同志常来开会。一般的会,碰个头,议论一番,也不做记录,正式开会才做记录。

在中央苏区的时候,写文件做记录是用毛笔、土纸。长征路上一般都是用铅笔,钢笔那时是稀有的宝贝。闻天有一支钢笔,开会要做记录了,有时他就把钢笔给我。会后,他总是将记录审查一遍,将记得不确切的地方改一改,然后将记录本放在他的文件箱里。箱里还有他的日记本,长征途中他每天都记。他很细致,笔又勤,一些有意思的琐事也扼要记在日记上。这些日记本一直带到延安,可惜后来丢了。

在一起工作,相互了解更多了。闻天处处关心我。他没有给我另外配警卫员,就在他的警卫员中分一个照顾我。行军时常常走到一起,骑着马并辔而行。一次夜行军,警卫员彭健搞了一个小马灯。我说："黑夜里行军,小马灯倒是挺亮的。"闻天立即接过去说:"这是流萤(意即刘英)嘛!"说得我怪不好意思的。

毛主席生活随便,爱说笑。头发长得老长,叫他理发他不理,说要打了胜仗才理呢。洗脸、洗脚用一块毛巾,我说:"打下了城市再发一条给你,这样多不卫生啊!"他说:"你以为上面比下面干净吗?你看,鼻子和

嘴这才脏呢!"他的生活习惯是地道的中国方式。长征中有一次在一个教堂里搞到了炼乳、可可、白糖,闻天、稼祥和我都高兴得什么似的,赶快煮了喝。我端了一茶缸子到毛主席面前,他闻到那味儿就皱眉头,赶忙推开,连说:"我不喝洋茶,不喝洋茶!要喝,还是中国的土茶好。"他对中国的历史、小说熟极了,闲扯起来滔滔不绝,津津有味。《红楼梦》尤其读得熟。有一回他问我:"你知道'不是东风压倒西风,就是西风压倒东风'这句话是谁说的?"我说:"黛玉的'葬花词'我背得,这句话哪个知道。"他得意地说:"就是这位苏州姑娘说的啊!"他又问我:"《红楼梦》里你最喜欢那一个?"我说:"当然是林妹妹了。"他连连摇头,说:"《红楼梦》里最招人喜欢的是贾宝玉。他鄙视仕途经济,反抗旧的一套,有叛逆精神,是革命家。"我到了中央队以后,我同闻天,就成了他经常打趣的材料。他在我面前念过一首打油诗,说洛甫四脚朝天滚下山。原来经过湖南时,有一次闻天骑在马上打瞌睡,从山上跌下来,马没有跌死,人没有受伤。他念给我听,讲闻天当时狼狈的样子。有时随口念几句诗词开我们玩笑。

我默默地感受着闻天的爱和毛主席他们的关心,但我打定主意,一心工作,不能结婚。我同闻天保持着距离,虽然,从心里说,那时候已经由敬他而变为爱他了。

我当秘书长,也有碰钉子的时候。中央队每次宿营号房子,住下来以后检查纪律,都是我的事。那时跟着中央队走的有一个外国人,就是共产国际派到中国来的军事顾问李德,原名奥托·布劳恩。遵义会议批判了"左"倾军事路线,撤掉了李德的指挥权。李德不服气,常常借故发作。

有一天,我去检查纪律,看见李德正在房东家里吃鸡、喝酒,喝得酒气熏天。这是纪律所不容许的。我就走到他面前,批评他。翻译也不在,我俄语说得不好,他中文也听不懂,但意思他是明白的,是我一个小个子女红军,批评他一个大个子外国顾问。不知是他的欧洲人的优越感还是大男子主义作祟,还是一肚子怒气找到了发泄的机会,总之,他一下子暴跳如雷了,不但不接受批评,还叽里咕噜骂起人来。

我也是天不怕地不怕的人,说他不应该随便动群众的东西,要他老实遵守纪律。

李德一点不买账,拔出枪来,朝天放了两枪。

我们两个人怒目对视了一下。我转身就走,去报告了王稼祥同志。稼祥听了非常生气,跟我一起跑去,用俄语将李德训斥了一通,语气非常严厉。李德这时一句话也不讲,直听稼祥数落到完。

二占遵义以后,闻天请毛主席担任前敌总指挥。到打鼓新场,开会讨论下一步怎样行动,大家主张攻打打鼓新场,毛主席不赞成,以去就前敌总指挥之职力争。闻天主持会议,鉴于以前负责人专断不好,他看大家争得不可开交,也不表态,就来了个民主表决,少数服从多数,将毛主席前敌总指挥的职务表决掉了。当晚,毛主席又同周恩来、朱德商量,在恩来、朱德支持下,说服大家,结果还是没有进攻打鼓新场。实践证明毛主席这个意见是对的。

闻天也认识到这件事处理失当。由此更觉得军事领导要改变办法。战场情况瞬息万变,必须临机决断,靠开中央会议来决定会贻误战机,而且他自己对打仗也不熟悉,自认是外行,觉得过多地参与军事指挥不合适,所以就接受了毛主席的建议,决定成立军事三人小组统一指挥。这个三人小组的成员是:毛泽东、周恩来、王稼祥。

这段曲折,是闻天在延安时同我谈的。他还说,从此以后,长征的军事行动就完全在毛主席指挥下进行。四渡赤水,佯攻昆明,巧渡金沙江,迂回穿插,打得十分主动,牵着蒋介石的鼻子走,红军跳出了包围圈。实践证明毛主席的指挥是正确的,而且完全称得上是英明的。毛主席自己也说:四渡赤水是他一生中的"得意之笔"。

但是,在当时,毛主席既没有后来那样的绝对权威,大家对毛主席的战略思想也还没有完全领会,所以上上下下虽然服从命令听指挥,但对四

渡赤水这一段也有不同意见,主要是围绕着走路还是打仗。

在三人小组里,稼祥对毛主席的办法就有意见。他向闻天反映,说老打圈圈不打仗,可不是办法。稼祥要求开会讨论这个问题。军队里意见也不少,说只走路不打仗,部队没有打垮倒要拖垮了。闻天到三军团去,德怀同志把部队的情绪向闻天说了。闻天作风是很民主的,他说,有意见拿到会上讨论。一军团林彪还给三人小组写信,请彭德怀任前敌总指挥。

到了会理,闻天和毛主席商议后就召集会议。参加会议的没有多少人,就是三人小组毛、周、王,朱总,一、三军团司令员和政委林彪、聂荣臻、彭德怀、杨尚昆。

会理会议的情形我记得比较清楚。会议是在城外临时搭起的一个草棚子里开的,因为怕有飞机来轰炸扫射,所以采取这样的措施。军团来的负责人就住在这个草棚子里,就地打铺,地上铺了卧草。喝水、吃饭都由我带警卫员送去。

会议由闻天主持。他先请稼祥讲,稼祥说还是你先讲吧。这样,闻天就简略地把他听到的各处反映,对军事指挥上的不同意见提出来,请大家讨论。彭德怀把意见倒了出来,林彪也讲了。在这之前已有林彪的信,加上会上这些意见,毛主席听了大发脾气,批评彭德怀右倾,说林的信是彭鼓动起来的。我印象中会上争得面红耳赤,搞得很僵。

会议从5月12日开起,一共开了两三天。我记得第一天会议下来,闻天叫我邀林、彭到瓦房子里来同他和毛主席住在一起。那里已经用门板搁好了铺。我想,闻天的意思是可以缓和气氛,便于谈心沟通思想。

我走进草棚子里,他们正谈得热闹。听到林彪说:"老彭,还是你行,前方还是你来指挥。"彭德怀说:"我不干。"

我说:"请两位司令员住到那边去。"

彭总对我拱拱手,说:"谢谢你,过天有了缴获,一定多贡献点,慰劳你。"

我说："快不要谢我，又不是我要你们去，是洛甫要你们住过去。"

他们连说："不用了，不用了，我们在这里挺自在的。"

我回去对闻天说他们不愿搬过来，也就算了。

闻天当时是书记。按照他的作风，听到各种意见都告诉负责军事指挥的毛主席，在会上提出来让大家讨论。经过讨论甚至争论，他再做结论。闻天的信条，是真理在谁手里，就跟谁走。那时确实是毛主席手中有真理，他的意见高明、正确，所以闻天总是支持毛主席。会理会议也是如此。最后闻天做结论，肯定毛主席的军事指挥是正确的，批评了林彪和彭德怀，决定部队继续北进，到川西北创建新苏区。

本来，革命队伍中发生争论是正常的事。正确的意见、方针，也要通过讨论以至争论，通过实践，使人了解其正确，才能得到贯彻执行。会理会议开过了，争了一通，闻天做了结论，认识统一了，就完了。当时战事紧张，涉及个人之间的误会，都没有当一回事。彭德怀同林彪写信等事全然无关，并且他是反对林彪的提议的，这点我是亲耳听到，但他在会上会后都没有申辩，他采取"事久自然明"的态度。闻天更没有觉得自己有什么事。但到1941年在一次小范围的谈话中，有人批评会理会议前闻天曾挑拨军队领导同志反对三人小组。闻天感到非常委屈，当晚回家后写了一封申明信，后来没有发出。闻天内向，不善于和别人随便谈心，沟通思想，这样，往往产生隔阂和误解。到1943年在学习两条路线、总结历史经验时，我对闻天说，会理会议可是个重要的事，你这一次把事情讲清楚为好。闻天这才接受我的意见。他乘许多人都在延安的机会作了一番调查。在整风笔记里，对会理会议作了澄清。我当时正式担任闻天的政治秘书，整风笔记这一部分还是我帮他誊抄的。

他在笔记中明确写道，说我曾经煽动林、彭反对三人小组，完全是误会；会理会议上，我的报告大纲是同毛、王商量过的。我当时批评下面的右倾很厉害，是带勉强性的。会理会议基本上是正确的，同当时干部中离

心倾向及一些动摇情绪作斗争是必要的。但我以为斗争方式还是过火的。不必用机会主义大帽子去压他们。

1943年底闻天写完这篇五万多字的笔记之后，首先送给毛主席看。我清楚地记得，毛主席到我们窑洞来送还笔记的情景。他真诚而高兴地对闻天说："我一口气把它读完了，写得很好！"闻天听了心情舒坦，认为毛主席终究是了解他的，误会也可以从此消除了。

红军渡过金沙江以后，已经把国民党围追堵截的大军甩掉了。军事方面进展比较顺利。刘伯承同彝族头领歃血为盟，部队安然过了彝族区。以后又飞夺泸定桥，红军从泸定桥和安顺场渡口渡过大渡河，蒋介石想让红军当第二个石达开的迷梦破灭了。

过大雪山，是红军从敌人围追堵截的包围圈中跳出来以后碰到的自然界的第一个大障碍。上山之前，就交代大家，山上空气稀薄，一定要快走。上山沿路，还有宣传队唱快板："……裹脚要用布和棕，不紧不松好好包，到了山顶莫停留，坚持一下就胜利了。"人到困难临头都会想办法的。我发明了拽着骡子尾巴上山的办法，省力许多。不少女同志也是这么办的，蔡畅、刘群先都是拽着马尾巴上的山。

过雪山出问题主要是在山顶上。山顶上空气稀薄，呼吸困难，有的人就挺不住，憋死了。蔡大姐的一个小卫生员殷桃，就在山顶上牺牲了。我们看着她脸色惨白，嘴唇乌紫，呼吸憋不过来，想要救她，但一点办法也没有。

下山容易得多，胆子大的干脆坐下来，像滑滑梯一样滑下去。下了山，大家又似乎忘记了疲劳和危险，交流起经验来。人在困难中，觉得非常之难；过来之后，又好像不怎么样；过了一段时间再回想起来，又会感到真不容易，甚至搞不清自己怎么有那股劲征服困难的。

尤其让人高兴的是，翻过大雪山，到了达维，我们遇上了李先念同志率领的第三十军，知道红四方面军都在这一地区。中央红军从隔年十月中旬出发，一直想同二、六军团会合，未能如愿。过了大渡河以后，就抱有同四方面军会合的希望，如今总算碰上了，而且，看起来四方面军人数多，装备好，给养也足。6月14日到达维的当晚，两支兄弟部队联欢，气氛欢乐融洽。

第二天，我们就向懋功方向进发，走了大约一个星期，到了两河口，终于同四方面军总部会合。

同四方面军会合以后，总的气氛还是不错的。有一年多断了联系，经过九死一生的战斗，同志们见面后很自然地交换情况，交流经验。四方面军慷慨，给一方面军送粮食、送衣服、拨部队，还给中央领导同志每人送一套粗呢制服。毛主席关照大家要多多了解四方面军的情况，做好团结工作。我记得毛主席就同闻天说过，要他注意做陈昌浩、傅钟、张琴秋等同志的工作，他们和闻天是莫斯科中山大学时的同学。

陈昌浩也来看闻天，畅叙旧情，讲到莫斯科学习的情况，感叹一晃已经多年了。可是谈到四方面军的现有兵力、装备、今后的行动打算，陈昌浩就言词闪烁，不肯吐露真情了。陈昌浩当时才二十多岁，为人精明强干。

闻天对如何维持好一、四方面军会师时的有利形势，搞好团结，是很费思索的。他从各方面体察了解情况，经常与毛主席和恩来同志商量，感觉到张国焘在会师后的思想状况不利于红军与革命的发展。主要是：自恃兵强马壮，瞧不起一方面军，轻视遵义会议后党中央和军委的统一领导；保守退却思想浓重，害怕损失实力，想在这一带按兵不动，并有退向川西北、过草原的打算，缺乏创立新苏区的观念。

闻天与毛主席等商量，多次打电报给张国焘，主张向北转移，去川陕甘创建新的苏区根据地。但张国焘犹豫不决，敌人又在进逼，这样中央就邀请张国焘从茂县急来懋功面商。为了把这次会议开好，统一认识，根据政治局常委的决定，闻天于6月24日在两河口住的一座关帝庙里，很快

写下了《夺取松潘,赤化川陕甘!》一文,并立即在油印的《前进报》上发表,红一军团政治部6月25日又翻印给干部学习。

闻天在文章中首先分析一、四方面军会合这一伟大胜利的意义,指出这一会合"使过去在两个战线上分开行动的两大主力现在完全放到党中央与军委的统一指挥之下","造成了实现我们在川陕甘建立新的苏区根据地的战略方针的可能"。

文章明确地指出了当前带有战略意义的战役任务——夺取松潘,控制松潘以北地区:"为了实现我们在川陕甘建立苏区根据地的战略任务,我们现在必须集中我们的全部力量,首先突破敌人北面的防线,将红军主力转入川陕甘的广大地区内寻求在运动战中大量的消灭敌人。因此夺取松潘、控制松潘以北的地区,消灭胡宗南的部队,目前成为整个野战军与四方面军创立川陕甘新苏区的最重要的关键,也是目前我们红军的紧急任务。"文章要求"用最大的努力与自我牺牲精神,克服一切粮食、道路、山地、河流的困难",夺取一、四方面军会合后第一次共同作战的完全胜利。

6月26日开始的中央政治局两河口会议是在一座喇嘛庙里开的。会开了三天,集中讨论战略方针问题,主要是围绕要不要打松潘的问题来讨论,从战略上说这是牵涉到向北还是向南的问题,从战役部署来说牵涉到谁当打松潘的先锋的问题。

我担任这次会议的记录,记得会议由闻天主持,恩来作的报告。

在讨论时,张国焘明里不好反对打松潘,实际上又不愿当先锋。他怕四方面军同胡宗南碰,要保持实力。张国焘这个人长得挺富态,讲起话来半天一句,绕圈子,脸上看不出春夏秋冬。毛主席很耐心,同他慢条斯理讲道理,说得他没有办法。最后他同意中央的决策,并同意由四方面军负责打松潘。

闻天最后作了总结性发言,记录还在,讲的基本上就是上面说的那篇文章的精神。

两河口会议是一、四方面军会合后的第一次正式会议,会议通过了一个正式文件——《中央政治局决定(一九三五年六月二十八日)》。其中明确规定:在一、四方面军会合后,我们的战略方针是集中主力向北进攻,在运动战中大量消灭敌人,首先取得甘肃南部,以创造川陕甘苏区根据地,使中国苏维埃运动放在更巩固更广大的基础上,以争取中国西北各省以至全中国的胜利。

两河口会议以后,我们在黑水芦花一带休整了一段时间。打松潘的任务交给了张国焘,追兵已经被我们甩掉,群众工作又没有对象,因为这一带的藏民不了解我们,以他们对付汉人军队的老办法,把粮食藏到山里,人都跑到山里去了。部队没有吃的了,开头想到山里向藏民做工作搞粮食,但藏民根本不让你接近。他们躲在山上树林里,枪法准得很,一枪一个,红军牺牲不少。红军也有到山里打野猪、牦牛的,同样被藏民打死。幸好这时青稞麦已经成熟了,为了生存,为了保持部队有生力量,朱总司令和张闻天等领导带头,红军上上下下一起动手割青稞麦。青稞麦产量高,但很粗糙,割下以后大家就一起搓麦子,手都搓破了。麦粒子无法加工,只是放在锅里煮一煮,就这么连皮吃下去。那时没有东西吃,只能吃这个,不吃要饿死啊! 可是,吃进去又不消化,常常拉出来还是一团一团的麦粒子。我的胃病就是从这时闹起来的。

两河口会议虽然对北上赤化川陕甘的战略方针和夺取松潘的战役部署都作了正式决定,但张国焘并没有真正执行。他只是做做样子,派三十军包围了松潘,但并不进攻。待到胡宗南的援兵一到,三十军就立即撤了下来,白白丧失了战机,影响了北上战略方针的及早实现。

我仍然随着中央队行军。在毛儿盖一带,中央同四方面军张国焘、陈昌浩之间,电报和人员往来频繁,北上还是西进、南下的争论,一直继续着。行军路线迂回曲折,走了不知多少回头路。毛泽东、张闻天等同志一

直商量怎样使一、四方面军团结一致,统一行动,认为关键就在张国焘。恩来同志发高烧,病中仍为此事烦心。我听到毛主席和闻天反复商量,谈得很具体。毛主席说:"张国焘是个实力派,他有野心,我看不给他一个相当的职位,一、四方面军很难合成一股绳。"毛主席分析,张国焘想当军委主席,这个职务现在由朱总司令担任,他没法取代。但只当副主席,同恩来、稼祥平起平坐,他不甘心。闻天跟毛主席说:"我这个总书记的位子让给他好了。"毛主席说:"不行,他要抓军权,你给他做总书记,他说不定还不满意,但真让他坐上这个宝座,可又麻烦了。"考虑来考虑去,毛主席说:"让他当总政委吧。"毛主席的意思是尽量考虑他的要求,但军权又不能让他全抓去,同担任总政委的恩来商量,恩来一点也不计较个人地位,觉得这么安排好,表示赞同。这样,7月18日就以中央军委名义发布命令,任命张国焘为总政委。

毛主席、闻天等还多次到四方面军那边去,耐心地做张国焘等人的工作,一谈就是半天。

有一次,毛主席去找张国焘谈话,把我带去了。一见面,毛主席就说:"我给你带水来了!"张国焘一下没转过来:"什么水啊?"毛主席笑着说:"《红楼梦》里的宝二哥不是说男人是泥巴捏的,女人是水做的吗?"张国焘这才恍然大悟,也不由得笑起来。毛主席同张国焘都是一大代表,相识很早,但一向并不投机,现在意见又有分歧,所以毛主席一开始就说笑话,想制造一个比较亲切的谈话气氛。张国焘讲话转弯抹角,不像毛主席那样痛快、风趣。那时,他想提四方面军的一些人进中委和政治局,可是他不直接讲,总是说,对工农干部,我是很重视他们的啊,他们打仗勇敢,有经验。毛主席也跟他扯,摸清他的意图,再同闻天、恩来等商量怎么妥善解决。

昌浩、傅钟也来,记得一次听闻天跟毛主席讲,傅钟拿了一个名单来,上面写着四方面军哪些人进中委,哪些人进政治局,说是张国焘提出的名单。毛主席的意见，中委可以增加几个，政治局不能增那么多。闻天也同意。又同他们来回商量，基本上取得一致以后，才拿到会上讨论。

8月6日，中央政治局在毛儿盖附近的沙窝开会，我已经离开中央队了，接替我当秘书长的是萧向荣。那时成立了一个中央三队，凯丰任队长，蔡畅和我都调去了，准备在适当的时候到四方面军中间去做政治工作。沙窝会议讨论的两个问题：一、四方面军会合后的形势与任务问题和组织问题，酝酿的过程我知道一些。从会议记录来看，在讨论吸收四方面军干部参加中央工作的人选问题上，张国焘又讨价还价，磨了一阵。其实会上提出的名单在会前早已反复商量过，张国焘也是同意了的。

闻天代表政治局提出的名单，是提升三个正式中央委员，三个候补中央委员，两位同志进政治局。

张国焘不满意，阴阳怪气地说："在坚决提拔工农干部上还可以多提几个人嘛！"

毛主席把他软顶回去说："四方面军中有很好的干部，我们现在提六位同志，是很慎重的。照党章规定，本来政治局不能决定中委，现在是在特殊情况之下才这样做的。其他干部不进中委，可以更多地吸收到各军事、政治领导机关工作。"

张国焘迂回曲折地从另一方面要价："本来我们的意见，要提这几个同志都到政治局的，这样可以提拔工农干部，他们有实际经验，又可以学习领导工作。"

这样磨来争去，为了团结，最后又向张国焘作了些让步。毛主席、张闻天等中央领导同志确实是从大局出发，尽了一切可能来争取同张国焘搞好团结的。

在毛儿盖，中央决定组织左路军和右路军经草地北上，党中央随右路军行动。8月20日毛儿盖会议之后，右路军就出发过草地了。

在过草地之前，大家做点准备，主要是搞吃的东西。记得前方部队给

中央送来了一头牦牛,警卫队把它宰了。牛皮和内脏煮出来大家吃了,牛肉每人分一点,晒牛肉干当干粮。毛主席吩咐首先要照顾休养连。警卫队长就一份一份分好送去。贺子珍当时在休养连,给她的比给徐、谢、董等几位老同志的稍微多了些。这事不知怎么让毛主席知道了,他很生气,把我找去,问:"这是怎么回事?贺子珍的怎么可以比徐老他们多呢?"我说:"这事不是我管的,是邹队长分的。"他说:"你替我找他,我可不能特殊,一定要给这几位老同志补上。"

我找到警卫队长,他很为难,说:"啊呀,现在全都分完了,剩下的就是毛主席、洛甫同志等几位的了,这可怎么办呢?"我说:"毛主席说了要补,可不敢不补啊!"于是就从他们几位领导人的份子里割点下来,补给了几位老人,毛主席这才放了心。

进了草地,茫茫一片,看不到一点人烟。开头有吃的东西,还好一点,后来没有吃的了,野菜几乎被前面过去的战斗部队摘完了,熬汤的盐也没有,人就没有力气了。风一阵,雨一阵,也受不了。一不小心,陷到泥沼里,就糟了。没有力气爬出来,想救也救不了。眼看着有的同志陷下去,陷下去,没了顶,泥水里泛着泡泡,就完了。我同蔡畅同志走一路,两人相互鼓励,相互搀扶,晚上宿营,用两条床单搭个小篷,躲避风雨。两人依偎在一起,觉得暖和一点。在毛儿盖,我向陈昌浩要了块麻袋布似的粗呢子,缝了一件上衣,这时候起了大作用。

好多人支持不住,倒下去,牺牲了。走到第五六天,每天早晨起来走,周围不断见到同伴的尸体。长征的一路上我没有犯过病,但第六天开始,也泻肚子了。那时也顾不得害羞,随时蹲下来就拉,系好裤带又赶快赶队伍。一直拉了两天,我咬着牙挺过来了。

在草地走了七天七夜,那完全是一个渺无人烟的世界。第八天,走出了草地,看到了村庄,看到了群众,看到了牛羊和炊烟,看到了田里有大萝卜,真是高兴极了。过草地牺牲最大。这七个昼夜是长征中最艰难的日子。到班佑，我觉得仿佛是从死亡的世界回到了人间。

过了草地，我们有吃有喝，体力也逐渐恢复。在巴西一带正等待着左路军北上的消息，一天半夜三更，突然凯丰来喊："起来，起来！马上出发！"大家问："出什么事啦？""到哪儿去啊！"凯丰说："都不要问，快走！"我们中央三队很快集合起来。凯丰又对大家说："不要出声，不打火把，一个跟着一个，跟我走！"一口气急行军十来里路，过了一个山口，才停下来喘口气。

这时，有几个人骑着马向我们这边跑过来。大家定睛看时，是张闻天来了，后面跟着几个警卫员。大家高兴地招呼他。

闻天跟我们说：现在张国焘要搞分裂，我们不得不离开这里，我们当然还是要想办法争取不分裂。但是，现在情况非常紧急，三十军发觉我们突然行动，李特带了队伍来追，陈赓、宋任穷他们的干部团在那边山头顶着，你们快往北边走吧。说完，就同我们分开了。

那是9月10日，天蒙蒙亮的时候。

干部团的同志回来以后，许多消息传开了，说同三十军的追兵还干了几家伙，机关枪也张了嘴。双方僵持住了，三十军也不打了。他们喊了许多造谣的口号，什么中央红军右倾机会主义、什么想到苏联吃面包，等等。还传说，张国焘打电报给当时在右路军的陈昌浩，要他胁迫中央南下，中央的处境十分危险，才果断地决定：右路军中一方面军的队伍连夜北上。

9月12日，中央政治局在俄界开会。我当时不知道，那是到张国焘继续搞分裂另立中央，1936年1月公布俄界会议作的《关于张国焘同志错误的决定》之后才知道的。

俄界会议决定，成立陕甘支队，继续北上。这时，罗迈把大家召集起来，宣布中央三队分散，各人分别到哪些单位。我又回到中央队，当警卫队指导员。中央队秘书长早已由吴亮平接替萧向荣担任了。

大约是9月21日的上午，我们到了哈达铺。这是甘肃南部的一个小

城镇。在两天之前,先头部队攻占哈达铺的时候,在当地的邮局得到了不少报纸,主要是7、8月间的天津《大公报》。毛泽东、张闻天、周恩来、博古他们翻读着这些报纸,谈得眉飞色舞。原来,从这些报纸登载的消息,他们确切地知道:陕北有苏区根据地,有红军,有游击队。这真是喜从天降。

自从夜渡于都河以来,中央一直想找到一个落脚点,创立新的根据地。究竟上哪儿,谁也不明确。开头想到湖南西部,没有成功。后来想跟二、六军团会合,又遭重大挫折。黎平会议曾决定以黔北为中心建立根据地,遵义会议根据当时情况又予改变,有在川西发展的设想。在懋功与四方面军会合,跟张国焘争论,就是反对他的南下西进在川康落脚,而坚持北上向东建立根据地。原想在川陕甘创建根据地,现在得知陕北有一块红军的地盘,很自然的,就决定到陕北落脚了。

闻天在9月22日就写了一篇"读报笔记",题目是《发展着的陕甘苏维埃革命运动》。将天津《大公报》上所披露的陕北苏区根据地和红军的情况扼要摘引并作了分析。在这篇文章里,他告诉大家:一、陕北二十三县,无一县没有红军或游击队的活动,其中延安、延长、保安、安塞、安靖及靖边等五六个县是刘志丹领导的苏区根据地,刘志丹的红二十六军主力部队有三个师一万多支枪,下面还有十四个游击支队。二、徐海东的红二十五军有精兵三千,于7月中旬从甘南胜利突围,转移到了陕甘交界处活动。三、甘南之东部也有红军游击队的活动。文章得出结论:"红军与赤色游击队在陕甘两省内正在普遍的发展着"。并据此提出前进的方向和任务:"同二十五、二十六军取得配合,协同动作及汇合,并给在这个地区开展着的游击运动以帮助、组织、领导",完成8月20日毛儿盖会议提出的"联系存在于陕甘边之苏维埃游击区域,成为一片的苏区"的任务。

文章署名洛甫,登在9月28日出版的《前进报》(中央前敌委员会与陕甘支队政治部出版)第三期上。这一期《前进报》上还同时登载了博古的文章《陕西苏维埃运动的发展与我们支队的任务》,同样提出了建立苏区根据地的任务。

9月28日在通渭的榜罗镇召开了中央政治局常委会议,正式决定将陕北作为落脚点,到陕北去保卫与扩大苏区根据地。

至此,战略转移的任务就要完成,从万般艰难中走出来的中央红军面前出现了光明。辗转征战、流离颠沛近一年,眼看就要有"家"了,怎能不高兴。第二天到通渭城,开干部会,毛主席诗兴大发,讲话时即席吟诵了后来十分出名的诗篇:

> 红军不怕远征难,万水千山只等闲。
>
> 五岭逶迤腾细浪,乌蒙磅礴走泥丸。
>
> 金沙水拍云崖暖,大渡桥横铁索寒。
>
> 更喜岷山千里雪,三军过后尽开颜。

过不多久,我们就同陕北红军取得了联系。1935年10月19日傍晚,我们穿过头道川,到达吴起镇。红一方面军的长征取得了胜利。

陕北,是红军长征的落脚点,也是新的革命征程的出发点。我们从陕北出发,又经过十四年的奋斗,终于赢得了民主革命的伟大胜利,在天安门前升起了第一面五星红旗!

<h1>六、成家</h1>

  1935年11月初,党中央在甘泉县下寺湾开会,决定中央领导人分两部分行动。会后,毛主席、恩来同志和彭总率红一方面军南下同徐海东、程子华同志率领的红十五军团会合,粉碎敌人对陕甘根据地的第三次"围剿";张闻天带领党中央机关北上,到瓦窑堡安家。我们中央机关于11月10日到达瓦窑堡。这一行中有博古、凯丰、少奇、罗迈(李维汉)和徐老(特立)、林老(伯渠)、董老(必武)等同志。

  我们进瓦窑堡时,正是雪后初晴。陕甘边区政府组织了隆重的欢迎仪式,几千人夹道欢迎,敲锣打鼓,挥舞红蓝三角纸旗,非常热烈。许多地方张灯结彩,还演戏。这里石窑洞、砖瓦窑洞比较多,因此叫瓦窑堡。它本来就已经是陕北根据地的政治、经济中心,现在成了党中央的落脚点。虽说只是一个小镇子,但觉得比进了大城市还高兴。小米、羊肉,吃了一个饱。饿了什么都好吃。第一次吃小米,也没有问这是什么。第二次吃才知道这叫小米。

  到了瓦窑堡,闻天征求我的意见:这下有了家,可以了吧?于是我们就结成了终身伴侣。分给我们一孔石窑洞,挺漂亮。革命有了"家",我和闻天也成了家。没有举行任何仪式,也没有请客,情投意合,环境许可,两个行李卷合在一起就是了。倒是毛主席到瓦窑堡后,来窑洞闹了一闹,算是补了"闹新房"的一课。在直罗镇,他率领中央红军同十五军团合作打了一个大胜仗,情绪很高。到瓦窑堡后听说我们结婚了,就来看望我

1935 年冬，刘英同张闻天在瓦窑堡结为终身伴侣。这是他们后来在延安的合影

们。他好说笑，进门就嚷："你们要请客，结婚不请客，不承认！不算数！"闻天一碰到开玩笑的场合，嘴就笨了，不知道该怎么回答。我说："拿什么请客呀？又没有钱，又没有东西！"毛主席笑着说："那就不承认！"他又说："我倒是真心给你们贺喜来了，还写了一首打油诗呢！"可惜我已经背不得这些诗句了，但意思还记得，是夸闻天讲民主。

　　婚后我们没有顾得上休息就又忙开了。当时华北的形势非常危急。日本帝国主义搞"华北自治"，图谋将整个华北变成第二个"满洲国"，逐步实现它独占中国的野心。日本的侵略政策和行动，引起了国内外各种关系的变化。中国共产党的战略任务和策略方针，也应跟着转变。记得在中央红军刚到吴起镇结束长征时，闻天就分析"华北事变"引起的形势变化，提出将土地革命战争转变为民族革命战争的战略任务。到瓦窑堡后，他又立即召开政治局会议（1935 年 11 月 13 日），提出目前最迫切的

任务,是扩大与巩固陕甘苏区,准备同日本帝国主义直接作战。同一天,党中央为"华北事变"发表了"宣言",还发布了"开展抗日反蒋运动"的决定,要求灵活运用广泛的统一战线策略,提出一切抗日反蒋的中国人与武装队伍都应该联合起来,一切斗争方式都应该用来"抗日反蒋"。过了几天,闻天又写文章,提出经过怎样一些转变的环子,怎样灵活地运用广泛的统一战线策略,是放在中国共产党面前的中心问题;要善于利用上层的统一战线,将各地方实力派作为重点对象,同他们订立共同抗日的作战协定;要在灵活运用广泛的统一战线策略的过程中,把即将到来的伟大的民族革命战争放在中国共产党和红军的领导之下。总之,闻天和党中央领导同志这时已经清楚地看到,中华民族到了生死存亡的关头,最主要的任务已经是反对侵入华北并妄图独吞中国的日本帝国主义了。

到瓦窑堡后闻天处理的另一件大事是纠正肃反扩大化。在下寺湾,毛主席和闻天得知陕北肃反把一大批红军干部关了起来,连刘志丹也被怀疑是国民党特务,被抓起来了。毛主席和闻天都说,陕北肃反这样搞,错了,要纠正,要赶快放刘志丹。随即派王首道先去制止,把刘志丹救出来。到瓦窑堡后,闻天领导纠错,组织了以董老(必武)为首,有王首道、罗迈、张云逸、郭洪涛参加的五人小组来调查处理。闻天抓得很紧,错误很快得到纠正。11月下旬就为刘志丹、习仲勋等彻底平反,被关起来的红二十六军干部也都放了出来,恢复了他们的工作。这对陕北根据地和红军的巩固和团结产生了很好的影响。

大约是到瓦窑堡后十来天吧,我回到家里,闻天喜气洋洋地对我说:"远方来人了,快去看看。"拉着我就到隔壁窑洞。

来人反穿一件光板羊皮袄,正是壮年,看去机警精干。闻天忙跟我介绍:"这是张浩同志,就是搞工人运动出名的林育英。共产国际派他回国,刚到。"那时共产国际总部设在莫斯科,"远方"是专指共产国际或莫斯科的暗语。

我问他这一路怎么来的,他说:"有车坐车,没车走路。"从蒙古越境进入中国以后,他一路上装扮成卖货郎,挑着货郎担沿途打听红军消息,是看到了陕北红军的布告才找来的。这一路走了整整三个月。我看墙角摆着一副担子,里面还有不少小孩衣服、帽子之类东西呢!

张浩是中华全国总工会驻赤色职工国际代表,1935 年 7、8 月间在莫斯科参加了共产国际第七次代表大会。这次大会根据世界形势的变化,决定改变以往"左"的策略,不再将中间力量看作危险敌人,要求建立反法西斯统一战线和人民阵线。鉴于这一策略转变十分重要,没等会议开完,共产国际就派张浩回国,要他设法找到与共产国际失去通信联系的中共中央,传达国际"七大"的精神。

张浩到达瓦窑堡后,顾不得长途跋涉的劳累,就同闻天谈开了,一日三餐也就在我们家一道吃。后来他把货郎担里的那些剩余物资放到山下的供销合作社卖了,给了我们两块光洋,说算是付伙食账吧。

张浩回来,闻天是很高兴的。本来党中央已经驱动了策略转变的车轮,现在得知我们的做法同共产国际"七大"确定的策略,方向完全一致,而对一些重要的策略口号国际又有具体指示,争取新的胜利的信心就更足了。闻天对张浩也很器重。一来就邀他参加政治局会议,并称他为"国际代表",后来又出面提名张浩为政治局委员。同二、四方面军联系也好,对外打交道也好,许多电报署名都以张浩(或林育英)打头,用张浩当时这种特殊身份,对促进三个方面军的团结,特别是制止张国焘分裂党,起了很好的作用。那时住地简陋,机构也小,政治局会议就在我们家住的窑洞里开。从瓦窑堡到保安,一直到延安初期,都是这样。我在家时也不回避,有些扩大的政治局会议,我作为少共中央的主要干部之一,还正式列席。所以,在大变动年代里中央的一些策略变动、人事情况等我知道一些。

记得张浩来时,毛主席同恩来、彭总仍在前线,正指挥直罗镇战役。

闻天一方面发电报或派专人送信,同毛主席和在前方的领导同志通气,征求他们对重要的策略变动的意见,一方面立即同在后方的党中央领导同志一道,讨论策略转变问题。

至今印象较深的有两件事。一件是11月底政治局扩大会议讨论统一战线问题。这次会议我是作为少共中央局的代表参加了的。闻天在会上就"反对日本帝国主义侵略的策略"作了报告,提出现在要实行广泛的统一战线,集中力量反对主要敌人日本帝国主义。广泛的统一战线不只是限于宣传的口号,要变成实际行动的策略,上层下层都真正要干,抗日联军、国防政府要真正做起来。他指出,另一派别的资本家、地方实力派中间也有对日本侵略不满的,应该争取。"抗日反蒋"的策略在同地方实力派联合时也可以灵活运用,只反日不反蒋的也可以同他们联系。这些新策略,同土地革命时期大不一样,我听了觉得很新鲜。著名的《抗日救国宣言》就是这时发表的。还有一件就是改变对富农的策略。12月上旬,政治局会议在闻天主持下作了决定,纠正了"加紧反对富农"的过左政策,提出联合富农或中立富农的政策。可以说,党中央以这两件事拉开了从国内战争到抗日战争伟大转变的序幕。

七、从瓦窑堡会议到"七七"事变

　　从 1935 年 10 月中央红军胜利到达陕北,到 1937 年"七七"卢沟桥事变全面抗战爆发,不到两年时间,中国发生了巨大变化。这是一个大变动的时代。中国共产党和她领导的红军,从困境中走了出来,经过瓦窑堡会议、东征、三大主力会师、和平解决西安事变……实现了从土地革命战争到民族革命战争的伟大转变,高举抗日的旗帜,以举世瞩目的姿态屹立在中国政治舞台上,成为中华民族坚持八年抗战,打败日本侵略者的中流砥柱。

　　抗日民族统一战线新策略的正式确定,是毛主席、恩来同志从前方来到瓦窑堡以后,在 1935 年 12 月 17 日至 25 日召开的政治局会议(即著名的"瓦窑堡会议")上定下来的。

　　这次有历史意义的会议,是在我们家住的那孔小石窑洞里举行的。窑洞内陈设简陋。炕上支了一张床,炕前有一张旧方桌和几条长凳。只有窗纸是新糊的,显出生机和喜气。参加会议的政治局委员们精神都很振奋。毛主席率领中央红军与红十五军团联合作战,在直罗镇前线打了胜仗,敌人对陕甘根据地的第三次"围剿"被粉碎了;同共产国际中断了一年多的联系如今恢复了;抗日民族统一战线的策略方针已经基本上确定,重大的政策改变已经开始了;从国民党统治区又传来了北平学生"一二九"反日游行示威的消息,一个抗日救亡运动的新高潮正在全中国兴

1935 年 11 月 7 日,张闻天率领党中央机关进驻瓦窑堡(今属陕西子长县)。12 月
主持瓦窑堡会议,会议制定了党的抗日民族统一战线策略方针。图为瓦窑堡会议会址

起。中国革命摆脱了危机,走出了困境。毛泽东、张闻天、周恩来、博古、
刘少奇等党的领导人,在这历史的又一个转折关头,聚集在这间简陋的窑
洞里,决定着关系党、红军与整个中国命运的大事。

闻天主持了这次重要会议,就会议的第一项议程——"政治形势与
策略"作了报告,并受政治局委托,起草了《关于目前政治形势与党的任
务决议》(通称《瓦窑堡会议决议》)。12 月 25 日通过决议,会议开完,27
日就召开党的活动分子会议传达。在龙虎山下西北办事处的礼堂(原是
基督教的一座礼拜堂)里,闻天主持了这次会议,我们听了毛主席的精彩

报告《论反对日本帝国主义的策略》。

瓦窑堡会议贯彻了共产国际"七大"的精神,但没有照搬"七大"的词句。闻天和毛主席、恩来同志等从中国的实际出发干中国的革命,没有用"反法西斯统一战线"的名称,而是称"反日民族统一战线"(不久即称"抗日民族统一战线"),也没有搬用"人民阵线",而是提出要搞"民族阵线"。说明我们党确实已经在实际上摆脱了教条主义的束缚,从幼稚走到了成熟,在独立自主地解决中国的问题了。

中央红军刚在陕北落脚,毛主席就同闻天等商量怎样根据新的形势,提出新的任务。一致认为应该巩固扩大苏区而不是放手休息。至于红军行动与苏区发展方向,在直罗镇战役之后,毛主席坚决主张过黄河,东征山西。闻天赞成毛主席向东的意见。在他主持下,瓦窑堡会议通过了毛主席起草的《关于军事战略问题的决议》,决定1月扩大红军五千,赤化宜川、洛川,完成渡河准备;2月过河东征,用半年时间将山西西部吕梁山区开创为初期根据地;然后相机北出绥远,对日直接作战。

有少数同志对东征有顾虑,认为部队走了一年多,历尽艰辛,精疲力竭,需要休息;好容易有了陕北这个立脚点,主力都过了河,根据地保不住怎么办。

闻天吸取了中央苏区的教训,认为局促于一个地区,并不能巩固,扩大与巩固,现在应特别着重于扩大。运动愈是大胆,就愈能巩固。当时陕北和陕甘边区连成一片,从绥德、清涧、保安到延川、甘泉、富县,地域已相当辽阔。但这里比较贫穷,扩军兵源不足,给养也很困难,过河东征,红军才可发展,而且高举抗日旗号,可以取得全国同情支持。当时还有一个估计,阎锡山不经打,蒋阎之间有矛盾,蒋不见得支持阎,取胜的可能性较大,所以他坚决支持毛主席东征的主张,但同时也采纳了少数同志的意见,使作战方案确保过河主力部队不与陕甘根据地脱离。

为了表示东征的决心坚定不移,闻天在政治局会议上代表常委提出:

"中央领导随主力行动,到红军中去。"另外还组织了地方工作委员会,罗迈、凯丰、张浩、王观澜、刘晓、王达成、朱理治、冯雪峰等十一位同志参加,随军事行动的发展做扩军、筹款、发动群众、开辟根据地的工作。

闻天同毛主席配合得很好。刚到陕北,11月初在下寺湾,鉴于中央红军同红二十五军与陕北红军就要会合,闻天代表常委向中央建议成立军委(当时称西北军委),提名毛泽东同志担任军委主席。军委共九人。红二十五军与陕北红军各有两位同志参加。他说:"大的战略问题,军委向中央提出讨论,至于战斗指挥问题,由军委全权决定。"毛主席对闻天也是很尊重的,大政方针商定以后,他主要抓紧军事,别的一切,都由闻天去管了。所以重申东征决心、决定行动组织计划的会开过以后不到十天,毛主席就先到河边部队中去了。在军委决定过黄河时,就指定黄河游击师师长阎红彦到清涧负责制造渡河船只。毛主席到河边后,表扬阎红彦任务完成得很好,但造六十条渡船还是不够,即同彭总一起又督造了一些船,以保证部队迅速东渡,必要时又能及时西撤。

我随闻天乘船过黄河时,先头部队已经向纵深发展了。只见河东岸构筑了许多碉堡,形同江西"围剿"时一般。据说阎锡山为此耗资几百万元,但经不起红军的勇猛攻击,他的黄河防线就垮了。当时红军部队流行一首歌,记得歌词是:"山西阎锡山太原坐得稳,传来了警报胆战心又惊,沿河碉堡一扫光,吓掉汉奸(呀嗬)魂……"

我们在河东岸的一个村子里见到毛主席。因为过河比较顺利,他情绪很高。他急于要上前方去,就把夫人贺子珍交给了我们。贺子珍同我、闻天住在一家老乡家的一个暖炕上。记得她还带了一只干熏鸡,预备给毛主席吃的,没来得及,分了半只给我们吃。鸡很硬,嚼不动。贺子珍向我们诉苦,说她要将鸡熏烂了给他吃,营养好些,他硬是不要,为此还拌嘴。我和闻天都劝贺子珍,你就依他吧。我们知道毛主席牙利,消化力强,长征中口袋里放一把炒麦粒充饥,鸡炖烂了他不爱吃。

与红军女战友们在一起。左起：陈琮英、蔡畅、夏明、刘英

东征途中,刘长胜带来了共产国际"七大"的几个文件。毛主席、闻天等人很高兴。因为张浩回来传达国际"七大"精神,全凭头脑记忆,不像文件那样周全,现在有了正式文件,就可以更充分地学习与贯彻。大约到3月中旬,本来在瓦窑堡负责留守的恩来、博古与生病刚好的稼祥,也都先后过河来了。党中央政治局在交口县的大麦郊至石楼县一带连续开会,持续了一个星期左右,研究国际"七大"文件,讨论统一战线和红军战略方向问题。闻天作了长篇报告,讨论非常热烈,有些问题还有争论。会议我没有参加,但印象中通过这次会议党中央更加团结一致了,充分肯定了瓦窑堡会议对形势的分析和策略的转变,肯定东征的决策正确。《红色中华》报上也宣传,拥护红军东下抗日,对日直接作战。

会后,东征的抗日先锋军进一步向东发展,占领同蒲线,直逼太原城,大有东出河北同日军直接交锋之势。这时蒋介石派陈诚率十个师开入山西,协同阎锡山陈兵拦住红军抗日去路。为了避免内战,保存抗日力量,利于抗日统一战线的开展,我们在1936年5月5日发表了"停战议和一致抗日"的通电,将红军撤回河西。东征虽然因军事形势变化而没有完全达到预期目标,但取得的胜利是很大的。毛主席当时用四句话来概括:"打了胜仗,唤起了民众,扩大了红军,筹集了财物。"

红军东征的胜利确实在全国激起了强烈反响。同东北军、十七路军联合的步伐加快了。上海不少社会名流也支持红军东征。尤其是接到宋庆龄、鲁迅、茅盾、覃振的来信,中央领导同志特别高兴。东征途中,上海地下党也有人来。本来早就想恢复同上海党的联系,现在可以付诸行动了。派谁去合适呢? 闻天想到了冯雪峰。

30年代初闻天在上海临时中央当宣传部长的时候,雪峰就是他的助手。不论在瑞金还是到了陕北,雪峰到我们家来,津津乐道的是鲁迅,他对鲁迅充满着崇敬。闻天觉得,此去上海,恢复组织,冯雪峰是一个最合适的人选。他可以通过同鲁迅、茅盾等的关系,摸清情况,然后恢复、整理党的关系。恩来同志也认为雪峰合适。4月初,闻天和恩来已从河东回到瓦窑堡。冯雪峰同志是地方工作委员会的委员之一,还在河东工作,即把他调回来,由恩来与闻天分别交代了任务。记得临走之前,我们还在自己窑洞里请雪峰吃了一餐饭。闻天交代雪峰:"到了上海,先去找鲁迅、茅盾,他们是靠得住的"。还叮嘱他要谨慎小心,注意隐蔽。雪峰很精干,对上海的文化人熟悉,关系多。他到上海后,很快就建立了上海—西安—陕北的交通线,后来又设好了秘密电台,和陕北通报。那时闻天、恩来等中央领导同志谈到李允生(冯雪峰的化名)和上海的工作,都觉得干得不错,对他是满意的。

少奇同志到北方局做中央代表,也是闻天提名和负责谈话。瓦窑堡会议后,12月29日政治局专门讨论了北方局的工作。闻天认为,北方局管理范围很大,不单是北平、天津和河北省,同满洲、山西、热河、察哈尔都有关系,是当时民族矛盾最尖锐的地方,刚刚爆发了震动全国的"一二九"运动。为了加紧对北方的领导,急需派得力的同志前往。闻天觉得,少奇同志富有工人运动与地下斗争的经验,能够当此重任。会前,他就同少奇细细商量,征求他的意见。少奇同志愿意承担,闻天才在会上正式提出,派少奇同志以中央代表的名义前往领导北方局的工作,得到大家赞同。就在我们东渡黄河后,少奇同志化名胡服,于1936年3月潜入天津。他积极贯彻瓦窑堡会议决定的广泛的民族统一战线策略,同闻天常有信件来往。建立电台之后,密电往还不断。北方工作纠正"左"的关门主义、冒险主义很坚决,学生运动、秘密工作、发动群众都有很大开展。

《瓦窑堡会议决议》有它的历史特点。那时蒋介石在"攘外必先安内"的口号下,对日妥协、退让,对红军和根据地不断"进剿",所以我们党采取的是"抗日反蒋"方针。随着形势发展,各种关系与矛盾的显露,对蒋方针有所调整。认清蒋介石是中派,有向抗日方向摇摆的可能,决定改变方针,"逼蒋抗日",我记得是在潘汉年同志回来以后。

潘汉年同志从莫斯科受命回国,经香港,到上海,在南京同 CC 派的代表接触以后回中央来。那是 1936 年 8 月上旬,中央已在 6 月从瓦窑堡撤出,迁到了保安,驻在城外东南郊的一排窑洞里。

闻天同汉年很熟,也是上海就在一起的,习惯喊他"小开"。那大约还是汉年同志在创造社出版部时得的谑称:他自己说是小伙计,人家则给他升格,说他是未来的老板——小开。在中央苏区,有一段时间,闻天和小开是宣传部正副部长,曾在小楼上同住。闻天对他信任,赏识他的才干,遵义会议后派他出去,到莫斯科向共产国际汇报。他化装成港商,编入被红军拘捕的"云土"商贩队中,有意策划他们脱逃,博得感佩,一路护行到贵阳。后经广州、香港,顺利到达上海,转赴莫斯科,参加中共驻共产国际代表团工作。如今他肩负秘密使命回来,真是有说不完的话题。所以小开来后,我们干脆叫他住在我们窑洞里,用门板搭了一张铺,谈话方便。小开一路上不知在哪里买了一件细线的针织套衫,蓝白相间的条子,嫌小,送给了我。在那时,可算是一件时髦衣服了。

闻天同小开彻夜长谈,主要是讨论怎样同国民党谈判,实行国共第二次合作,停止内战共同抗日的问题。从 1936 年起,国共双方在国内通过几条渠道进行秘密接触,这时已经秘密商谈合作的具体条件了。

潘汉年来后没有几天,闻天就召集中央政治局开会,根据形势的新变化,作出决定,将"抗日反蒋"的方针改为"逼蒋抗日"的方针,将"人民共和国"的口号改为"民主共和国"的口号。会后,闻天和毛主席一起成天忙着起草《中国共产党致中国国民党书》和《关于逼蒋抗日问题的指示》这两个重要文件。紧接着,又在 9 月中旬召开政治局扩大会议。这次会议我是参加了的。会议通过了闻天起草的《关于抗日救亡的新形势与民主共和国的决议》。小开参加这次会议以后,又肩负党中央交给的使命,离开保安,前往南京、上海,同国民党谈判去了。

在我的心目中,潘汉年同志是一个出色的秘密工作者,他作为中共代表多次同国民党谈判,是有功劳的。1950年我们到上海,他在那儿当副市长,请我们吃饭,还为我准备去联合国的衣着提过很内行的意见。1955年在全国党代表会议期间,突然以"内奸"的罪名将他逮捕,我同闻天异常吃惊。闻天很难过,跟我嘀咕,到底是什么问题,有什么根据,政治局又不讨论。直到多少年以后,潘、杨冤狱平反才真相大白,原来这是康生搞的阴谋。

就在潘汉年离开保安后没有几天,这年9、10月间,我得了一场重病,几乎丧命。

我觉得死神在向我悄悄走来。我高烧不止,整个身子骨仿佛散了架一般,似乎长征以来所受的一切饥寒风湿,都集合起来向我发起总攻击。

几位医生来看过多次,说是流行性感冒。但没有药,急得直搓手,没有一点办法,都说千万不要并发肺炎。

医生让闻天搬到别处去住,同我隔离开来。我一时昏睡,一时清醒,每天只喝一点小米粥汤,完全靠自己的体力和意志同病魔对抗。

闻天干着急,工作又忙,每天早晚两次,到我的窑洞外面,透过窗户纸上捅开的小窟窿眼,看望我,问候我,说上几句安慰我、关切我的话。他发了津贴,全交给了警卫员,交代买点鸡蛋做汤给我吃。

那时,凡是政治局委员,每月有五元钱津贴。恩来有病,稼祥养伤,加一倍。保安时期经济困难,五元钱不是发的光洋,是苏票,大约够买两只鸡的。我问警卫员,闻天五元钱津贴全给了我,他吃什么。警卫员眼泪汪汪地说:"就吃'红锅炒白菜'。"

说也怪,就凭着小米粥和鸡蛋羹,凭着闻天的安慰和警卫员的照料,连续高烧了二十多天,我的病竟然慢慢地好起来了,只是人瘦得不成样子。这一时期害病的人很多,没有药治,又谈不到营养,不少同志顶不住垮了,有些同志并发了肺炎,更是没有办法救。到陕北后担任过陕北省委组织部长的郭滴人同志,龙岩人,我们在福建省委共过事,就是跟我一样

发高烧,眼看着他的病一天比一天重,没有药救,匆匆离开人世,那时他才29岁。每想起来,心里就难过,我能活下来,算是幸运的。

当我病了三四十天,走出窑洞,重新回到同志们中间的时候,红军三大主力已经胜利会师了。

在新形势新策略下,青年工作不能不有个根本的改造。然而人们在旧的一套下面做惯了,实现这个改造,完全转变到新轨道上来是很不容易的。我在团中央工作,对这点深有体会。

早在1936年1月,政治局常委扩大会议就专门讨论过一次团的工作,我参加了。那时刘导生是团中央书记,胡耀邦是组织部长,我是宣传部长。闻天在会上提出,要在青年中实现广泛的统一战线,必须发扬民主,彻底转变工作方式;首先要使学生运动扩大、深入,可以组织青年抗日会、义勇军等组织;指出团组织发展迟缓的原因是有关门主义、第二党倾向,应该去掉一切框框,在抗日的口号下吸收青年入团。

这年5月,又调整了团中央的领导班子,调冯文彬同志当书记,这也是闻天主持办的。

随着形势的发展,8月份闻天在给少奇同志的信中,就提出"CY是应该取消的"主张,认为"青年组织的名义不一定到处一样,只要能公开活动,吸收广大青年群众就好了"。

可是习惯的影响使团的工作进展不快,而形势的发展又提出了进一步的要求,所以在11月初召开的一次政治局扩大会议上,又讨论了团的工作。我大病刚好,参加了这次会议。当时团中央的主要干部冯文彬、胡耀邦等同志也都参加了这次会议。

对于适应新形势,团必须在组织上、性质上来一次大的改变,克服关门主义、第二党倾向,成为非党的、广泛的青年群众组织,会上意见比较一致。但对共产青年团的名称要不要改变,意见就有分歧了。有的主张名义不改变,组织应扩大;有的主张暂时不取消;有的主张上面保留,下面用各种各样的名称。我在会上发言是同意改变名称的,认为青年组织要以适合于吸收广大青年群众为原则,不要因为受名称的限制而使得青年离开我们。现在进行民族解放斗争,要团结一切青年,使他们参加进来,还用共产青年团的名称就不利了。我还提出下层组织甚至可以用俱乐部、读书会、歌咏队等名义。在我前后发言的恩来、博古、林老等也都同意,主张"不要团的组织系统","对团进行根本改造","原来名称可以不要"。

我们党历史上形成一个惯例,党中央的书记当然地是团中央的党代表。所以,这次开了两天的会议,最后由闻天作总结性发言。他首先指出,在新形势、新策略下青年组织的性质与任务根本不同了。过去团是党的助手,是工人为基础的,是共产主义的,现在的青年组织是非党的,群众的,一切反法西斯的分子都包含在内的。在目前形势下,过去那样的团组织不需要了。运动要发展,组织形式与工作方式要改变,"共产青年团的组织是要取消的"。他提出,名称要改变,可以有各种形式,总的名称就叫"青年救国会"。

闻天提出的这个名称与组织形式是适合广泛的统一战线的要求的,大家都同意。会后,发了决议,青年工作的转变就有秩序地展开了。

在大变动的年代,取消共青团,成立青救会,只是组织形式转变的一个环子。类似的策略转变,在各个方面、各条战线都在进行。这是一系列艰难而巨大的转变。反对富农变为联合富农,没收地主土地变成减租减息,反帝变为反日,抗日反蒋变为逼蒋抗日、又变为联蒋抗日,进而苏区也取消了,变为特区,红军改编为国民革命军第八路军……而唯有中国共产党的领导权一刻也没有放松,独立自主的原则始终坚持。历史证明以毛主席为代表的党中央是成熟的领导集体,创造了运用统一战线这一法宝的范例。

尽管我们改变了对蒋介石的策略方针,并表示为了联合抗日,可以接受取消苏区、改编红军、停止没收地主土地等条件,但蒋介石却没有放弃

他的"攘外必先安内"政策,在平息两广事变后,立即增兵陕甘,"围剿"红军,必欲消灭红军而后快。张学良、杨虎城两位将军为促使蒋介石改弦易辙,实行联共抗日,遂在西安发动了"兵谏"。1936年12月12日,张、杨活捉蒋介石的消息通过无线电波传到保安的时候,不用说,是人心大快,大快人心。当时《红色中华》报上揭露蒋介石"十年反革命,五年卖国"的罪恶,说蒋"虽百死也不足以赎其罪于万一",要求把蒋介石交给人民公审、裁决,表达了听说张、杨发动西安事变时一般干部、党员的直觉反应。

闻天不赞成"审蒋"的办法,认为还是要把以蒋介石为代表的"民族妥协派"同"亲日派"、"投降派"相区别,尽量逼迫他向抗日方向发展,把西北已经形成的局部的抗日统一战线转到全国性的抗日统一战线。12月13日,闻天主持了政治局常委扩大会议,讨论了怎样解决西安事变的问题,并立即派恩来等同志赴西安。12月19日,闻天又召集中央政治局会议,具体讨论和平解决西安事变的办法。会上毛主席作了报告。闻天概括大家的意见,作了发言,说明六天来事变的现象与本质有了充分的展示,事变有两个前途:一是全国抗日的发动,一是内战的扩大。我们应该争取成为全国性的抗日,确定停止内战、一致抗日的方针。为此,在事变的处理上是和平调解,避免内战;对蒋的处置上,不站在反蒋的立场。12月20日,闻天又召集了政治局扩大会议,讨论到友军驻扎地区怎么开展地方工作的问题。这次会议我参加了。会上,他谈了西安事变后的形势和我们党和平调解的方案。记得在会上,他特别提醒大家,这次南下行动不是搞赤化,不要照搬大革命的做法,而是要实现我们的抗日纲领。

经过几天谈判,蒋介石答应了六项条件,张学良就在12月25日独自陪送他飞回了南京。可是到了南京,蒋又扣留了张。这样,内战危机一下子又紧了起来。

就在这时,大约是1937年1月中旬,我被派到西安去巡视青年工作。记得从延安到西安去时,是同王稼祥、李克农等同志坐的一辆卡车。稼祥是经西安前往莫斯科治病,他和我一起坐在驾驶室里。路上走了两天。路很坏,车子开起来,尘土飞扬,车后像拖了一条黄土龙。李克农他们坐在车篷里,停下车来,满身满脸尘土。我笑他们一个个活像泥菩萨。

到西安后住在六国饭店。名字好听,其实就是几间平房,是李克农管的内部招待所。吃饭由住在那儿的同志轮流值班,就在烤火的炉子上煮。吃到猪油熬白菜,都觉得是美味了。我先同妇联的徐明清同志接头,后来同贾拓夫同志联系。他见我穿一身军服,还戴顶棉军帽,说男不男女不女的怎么行,西安城里复杂得很,要我别上街。贾拓夫还要他妻子白茜借衣服给我换。可是我的帽子却摘不下来。长征中长了虱子,到陕北后身上的消灭了,头发里的却搞不净,因为没有药。没有办法,我和贺子珍、刘群先等女同志都只好剃了光头。到西安的时候,头发还没有长出来。我在西安是处于秘密状态,接触青年都是通过贾拓夫,由一位叫白大姑的女同志把当地学生领袖带来接头、交谈。

我在西安住了大约一个星期,突然李克农的副官王立来找我,悄悄对我说:"洛甫同志来了。"他把我领到王以哲的一个副官家里,闻天笑眯眯地跟我招呼。原来闻天来后已经同恩来、博古谈过工作了,这才让博古打发王立来接我。闻天此行很秘密,任务是什么,我也不清楚。现在想来,总是同执行和平方针有关吧,因为那时南京政府提出了所谓甲案和乙案两个解决方案,东北军内有分化,少壮派急于救张学良回西安,竭力要打,和战问题又迫在眉睫了。

闻天在西安大约住了两天,博古同志匆匆跑来,说这儿不能住了,形势很紧张,少壮派反对王以哲很激烈,住在这里暴露了可不得了。他已准备好了车辆,当天就把我们送到了云阳红军前敌总指挥部。

彭总同闻天和我都很谈得来,见面很高兴,要我们在他住的厢房的另一侧那间厢房里住下,让警卫员烧了旺旺的一盆炭火。那时已是农历腊月二十左右,快过年了。我们从西安出来还带了年糕。围着火盆边谈话

边烤年糕,吃得很有滋味,感叹已有两年没有吃到年糕了。

第二天彭总怕我闷,给我一本小说,是丁玲的《水》。彭总说是丁玲采访时送的,他没有什么兴趣,让我拿去看。

好像是又过了一天,恩来、博古也从西安赶来了,同闻天、彭总、弼时、稼祥一道开会。商量了一夜,第二天一大早周、博、王又急忙返回西安,气氛十分紧张。究竟是怎么一回事,直到1986年西安事变中的一批电报公布出来,我才弄清楚。原来是我党接受甲案实现和平的主张未能说服东北军中的"左派",他们不顾红军是否参加,力主同中央军打。恩来、博古赶来紧急会商,该采取什么对策。会议决定,如果东北军和十七路军一定要打,就只好"同他们一起打",在打的过程中争取和平。当夜10点发报征求毛主席和朱总司令的意见。等到12点,来了回电。毛主席、朱总司令同意前线的决策,并将我们的态度概括为:"三位一体,进则同进,退则同退。"

这是1月30日深夜的事。我党的态度,使东北军和十七路军深为感动,最终决定维护国内和平,不同中央军开仗。没有想到孙铭九等过激分子深为不满,2月2日将力主和平的王以哲将军杀了。听到这个不幸的消息,闻天不禁摇头叹息,因为这样一来,东北军愈益分化,十七路军难以立足,两支友军将任蒋宰割,张学良回陕无望,西北大联合的局面实际上解体了。要说处理西安事变过程中的教训,没有制止住这批"左派"的幼稚病,因而坏了大事,是重要的一条。

西安事变终究以和平方式解决,亲日派、投降派挑动内战的阴谋失败,共产党在全国人民中的威望空前提高。为"停止内战,一致抗日"而斗争的阶段是胜利结束了,但从这里进到全国对日直接抗战还有一段曲折艰苦的过程。2月初我同闻天返回延安,他又立即为迎接直接抗日新阶段的到来而投入紧张的工作。

当时,党中央同红军各军团、同派出的谈判代表之间,来往电报不断。

电文大都是毛主席、闻天商量后分头写的,其中闻天写的不少,这些电文常用"洛、毛"联名发出。著名的《中共中央给国民党三中全会电》就是闻天起草的。电文向国民党提出在"和平统一团结御侮"方针下确定"停止一切内战,集中国力,一致对外"等五项国策,并表示在确定五项国策的前提下,中共愿作出停止推翻国民政府之武装暴动方针,工农政府改名为中华民国特区政府,红军改名为国民革命军,停止没收地主土地之政策等四项保证。在 2 月 15 日开始举行的国民党五届三中全会上,蒋介石实际上表示了停止武力剿共,正式重开国共合作谈判的态度。这次全会的"宣言"和"决议案"实际上接受了我们的提议,标志着抗日民族统一战线的初步形成。从这时开始,恩来同志在西安、杭州、庐山、南京同国民党代表、同蒋介石本人多次谈判,一直到"七七"事变后正式参加 8 月国防会议才完全谈成。

在延安,为了迎接对日抗战新阶段的到来,做了许多准备。在我记忆里留下深刻印象的是 1937 年 5 月召开的苏区党代表会议。这是撤出中央苏区以来最大的一次高级干部的聚会。出席会议的有苏区、白区和红军代表二百多人,加上列席代表将近三百人。我参加了这次会议,同许多老战友重逢在一堂。

闻天在会议开始时致开幕词,指出,"自内战结束以来,革命已经开始了新的阶段。党目前的迫切任务,应该是巩固国内和平,争取民主权利与实现对日抗战"。关于形势与任务的"报告"和"结论"是毛主席作的,这就是后来选到《毛泽东选集》中去的两篇名文:《中国共产党在抗日时期的任务》和《为争取千百万群众进入抗日民族统一战线而斗争》。

在苏区党代表会议后,紧接着又开了白区工作会议,会议由闻天主持,"报告"是请少奇同志作的。

那时我们住在延安城内凤凰山麓一个四合院里,正面两孔窑洞是我们的家。会议期间北方局有些同志来找闻天谈情况,反映意见。好像是

因为少奇同志对过去工作中的关门主义与冒险主义批评得很尖锐,而对原北方局同志的工作成绩肯定不够引起的。闻天对他们做了许多解释工作。说明对于关门主义与冒险主义的错误,尖锐地揭发批判是完全应该的,主要责任在中央,不怪下面的同志。同时又肯定北方局同志过去工作是有成绩的,"一二九"运动不就是你们领导起来的吗?在党代会开幕时,闻天就讲了,"我们丝毫也不否认,在这十年中,中央也曾犯过许多严重的错误"。并指出六届四中全会后的党中央有五点主要错误:"在白区群众工作中对长期存在着的关门主义的恶劣传统没有能够克服,在国内战争中曾经犯过军事上的冒险主义与保守主义的错误,'九一八'事变后对新发生的阶级力量的某些变动不能及时的认识与利用,对中国革命的持久性缺乏深刻的了解,以及干部政策中有过某些错误等"。(这篇开幕词的提纲已收入《张闻天选集》)那时毛主席对少奇同志是赞赏的。他在会上讲话,称赞少奇同志对群众工作有丰富经验,是对党过去所害过的"左"倾病症一针见血的医生。闻天在白区工作会议上作了《白区党目前的中心任务》的报告,也是支持少奇同志的。他肯定少奇在北方局工作中贯彻了党中央抗日统一战线策略,提出要打破"左"倾总比右倾好些的观点,坚决开展反对关门主义的长期艰苦的斗争。当然,那时闻天对党的六届四中全会的政治路线根本上是错误的还没有觉悟,认识上的突破,是到1941年延安整风中才取得的。

1937年5月至6月在延安开的这两个会议在党的历史上是有重要意义的。它总结了遵义会议以来的英勇斗争,肯定了党的政治路线和策略转变,为迎接全国抗日战争的新阶段作了思想上和组织上的重要准备。

一个多月以后,卢沟桥的炮声响了!从此,中华民族的历史又揭开了更加威武雄壮的全民族抗战的新篇章!

八、延安生活回忆

　　1939年初,弼时同志来我们住处,给我们看党中央来电:蔡树藩、刘英即回延安,钟赤兵、贺子珍留莫斯科学习。

　　我同蔡树藩、钟赤兵和徐梦秋是1937年11月离开延安的,到西安时增加了一个贺子珍。她那时正怀着身孕,是同毛主席闹了别扭跑到西安去的,已经在八路军办事处住了一阵。抗日战争爆发以后,打通了西安—兰州—迪化(今乌鲁木齐)的交通线,有条件把我们这些病员、伤号送到苏联去治疗。我们这一行中,蔡树藩打仗时被炮弹片削掉了右胳膊;徐梦秋冻坏双腿截肢;钟赤兵在长征中右腿负伤锯了。他们都要到苏联去配假胳膊、假腿。我在长征中犯下了肠胃病,这时又染上了肺结核,延安没有药治,送到苏联去。我们这几个是第一批,后来又陆续去了不少人,有蔡畅、阿金、刘群先、方志纯、张子意、马明方等。

　　我们一行到兰州时,遇上王明回国,斯大林派专机送他们,也到了兰州。王明架子大,要陈云同志来八路军驻兰州办事处打电报同延安联系飞机着陆标记等事,顺便看望我们,送我们一百美元改善生活。我们交给了办事处主任谢老(觉哉)。

　　在兰州,我们乘上运军火的飞机到迪化。这时,邓发已从苏联回国,担任迪化八路军办事处主任。从他那里知道,苏联1937年起肃反搞得很厉害,同被捕的苏联人稍有牵连的中国人不少被抓。同行的徐梦秋,听邓发讲了苏联情况很害怕,盛世才又留他,于是他就没有继续走,在迪化当

了新疆的教育厅长。后来此人跟着盛世才叛变了。

从迪化坐汽车到阿拉木图后，我们就搭上了西伯利亚大铁道的火车，直达莫斯科。在柳克斯公寓，王稼祥同志（这时他代替王明任驻国际代表）交代我们千万注意，不要同过去认识的苏联人和中国人随便接触、联系，不然要惹麻烦的。后来，为治疗方便，稼祥又把我们安排到郊外东方大学分校住。看病由苏联同志陪着，进城到克里姆林宫医院（即皇宫医院）。

我一直同贺子珍在一道。经过一年多治疗休养，我的肺病、肠胃病有很大好转，人也长胖了。贺子珍的情况却反不如前。她到苏联后生下一个男孩，养到六个月不幸夭折了，葬在后面花园里。她伤心至极，天天到坟上去哭。毛主席又不给她写信。收到过一封信，只有三言两语，望你好好学习之类，所以她精神上非常苦恼。但她又很傲，不肯主动写信给毛主席。

回延安之前，弼时同志交给我一项任务，要我到共产国际交通部带一套密码回去。弼时与陈琮英是1938年4月到莫斯科的，后来弼时担任中共驻国际的代表。这套密码原本是让另一位同志带的，那人不懂俄文，带不了，所以弼时要我带。所谓"带"密码，并没有密码本给你，而是要你将这套密码的编制方法和基本电码都背上，记在脑子里，带回去。接受任务以后，我每星期到共产国际交通部去三四个半天，由那里搞密码的一位科长教我。每次教一部分，回去背，背到滚瓜烂熟。第二次去把前一段背一遍，准确无误了，再教新的。这样学了两个星期，把这套密码掌握了。我记性好，又学过收发报，所以教的人对我这个学生很满意。最后，他交给我一面小镜子，告诉我这套密码几个关键性的英文字母和加减数字，都写在小纸片上，放在夹层里。

临离开莫斯科之前，弼时同志又带我到共产国际总部去见了季米特洛夫。弼时介绍说洛甫的夫人刘英即将回国，请作指示。季米特洛夫很和善,要我回延安向中国党的领袖们代为问好。他没有作什么指示,拿出几张王明和孟庆树的女儿的照片要我带给他们。小女孩当时六七岁,他们1937年11月回国时怕国内游击环境不便带孩子,就将孩子托付给季米特洛夫夫妇了。季米特洛夫夫妇没有孩子,后来这个女孩一直跟着他们。

我同蔡树藩同路回国,到迪化又增加了赵毅敏同路。1939年3月下旬的一天,我们终于到达延安汽车站。刚歇下来,闻天的两个警卫员带着马来迎我了。

回到家中,闻天不在。他还在毛主席那边开会,很晚才回来。等他回来,我才知道现在中央的会议不在我们窑洞里开了,闻天的主要工作是管

1937年12月9日至14日,中共中央在延安召开政治局会议。这是到会同志合影。
前排右起:刘少奇、陈云、王明、凯丰、项英;后排右起:毛泽东、周恩来、秦邦宪、林伯渠、张国焘、张闻天、彭德怀、康生

党内的理论宣传和干部教育了。关于党中央领导的变动情况,在苏联时约略听说一些,现在听闻天介绍,就更加清楚了。1937年冬王明到延安后,党中央书记处扩大,闻天已不再"负总责"。1938年8月稼祥同志回国,传达了共产国际的意见,中国党应以毛泽东为首来领导。闻天衷心拥护,即向毛主席提出"让位"。毛主席从全局考虑,要闻天将"总书记"的名义继续担下去。所以六届六中全会以后,闻天形式上还主持中央会议,但实际权力都交给毛主席,会到毛主席那边开,一切事情都由毛主席决断。不过,毛主席是大事抓得紧而不爱管具体事的人,所以一般的日常工作还是由闻天处理,中央秘书局也跟着闻天。

我到迪化时就听说毛主席同江青结婚了,回来一问,实有其事。闻天也没有跟我细说。

第二天,我就去看毛主席。

1937年11月临走时,毛主席来我们家窑洞同闻天商量,说林老(伯渠)从西安来电报,贺子珍想同刘英他们一起到苏联治病,征求毛主席意见。毛主席表示让她去吧,闻天当然同意。于是毛主席嘱托我,政治上要帮助贺子珍提高,要让她多读点书。当时毛主席还无意同她离异,而是有心言归于好的。

我走进毛主席的窑洞,江青接待十分殷勤。我向毛主席谈了贺子珍一年来的情况,她痛失爱子,悲伤欲绝,精神上没有安慰,哪来心绪学习。我说,你交给我的任务没有完成好。

我对贺子珍是很爱怜的。她18岁在永新城偶遇毛主席,两人一见倾心,她就离开父母跟着毛主席上了井冈山。她文化素养确实低些,连着生孩子,也没有养成读书的习惯,脾气也不大好,常常干扰毛主席,有时争吵起来贺子珍还忍不住动手。所以在他们的婚姻上,我觉得两人确实不大般配。现在看到江青成了毛主席窑洞里的人,毛主席言谈中也表现出满意的神色,我随口对毛主席说:"你身边确实需要有人照顾。你同贺子珍也实在合不来。"听我这样说,毛主席兴奋极了,把大腿一拍,连说:"刘英同志,你才是真正理解我的人啊!这事不少老同志反对哩,你要给我做解释,做宣传!"

回到家里,我同闻天讲了去看毛主席的情况。闻天连忙说:"你可不要管,江青的事你不要管!许多老同志有意见,不是反对毛主席同贺子珍离婚,而是不赞成他同江青结婚。"闻天告诉我,毛、江要结婚时,议论纷纷,反映很多。原在北方局做秘密工作的王世英同志,当时正在中央党校学习,写了一封信给中央,说江青在上海桃色新闻很多,毛主席同她结婚很不合适。信上签名的人一大串。根据地也有打电报、写信来的。意见都集中到闻天这里。中央的几位领导同志也向闻天反映,希望闻天劝说。闻天觉得这种个人私事,别人不便干预。他也了解毛主席个性很强,认准了的事很难回头。但是大家的意见确实很有道理,党的领导人的婚姻也不能等闲视之。考虑再三,闻天综合大家的意见,以个人名义给毛主席写了一封信。信写得比较婉转,大意是:你同贺子珍合不来,离婚,大家没有意见,再结婚也是应该的,但是否同江青结合,望你考虑。因江青在上海是演员,影响较大。这样做,对党对你,都不大好。信是让警卫员送去的。毛读罢大怒,当场把信扯了,说:"我明天就结婚,谁管得着!"第二天在供销社摆酒两桌,闻天自然不在宾客之列。

1984 年美国记者索尔兹伯里问我毛、江结婚事,我只简而言之"江青钻了一个空子"。上述情节我也不便讲给外国人听。最近有人在报刊上公开谈论此事,所说情节与事实相去甚远,所以把我知道的此事经过记录下来,以免以讹传讹。

至于毛、江结合的影响,在当时看不出有什么大的关碍。不过有一点是可以肯定的,江青在毛主席面前没有少说马列学院的坏话。江青本来在党校,后转入马列学院第二期,而马列学院的院长就是张闻天。

这时,我们的家仍在延安城北七八里的蓝家坪。那是 1937 年 7 月延

1938年5月,党中央在延安创办马列学院,张闻天兼任院长。马列学院在三年多的时间里为我党政军各方面培养了大批具有马列主义理论素养的人才。图为延安蓝家坪马列学院旧址

安城遭到日本飞机大轰炸以后迁来的。蓝家坪当时是党中央所在地,中央秘书处、宣传部都在那里,旁边一个山上是马列学院。1940年3月弼时回国,后来少奇回来,都在这里安家。他们两家同我们住的两孔石窑洞挨在一起。

我回延安以后,即被分配担任秘书处长,当时中央秘书长是王首道。那套密码到枣园交给了李玉明,他专管同国际联系的电台。

闻天一向重视知识分子的作用,尊重和爱护知识分子。在蓝家坪这

一段,他的工作同知识分子关系更直接,这个特点也表现得更加突出。

闻天把范文澜请来主持马列学院中国历史研究室,主编《中国通史简编》。范文澜同志的老伴是个旧式家庭妇女,初来延安感到处处不便,又惦记着家里的东西,常常暗自落泪。闻天同我一起到他家看望,帮助他们解决生活上的困难。范文澜说到,现在最困难的还是缺书,自己的书都在家里。闻天请他放心,回来以后立即布置地下党,设法把范文澜家里的书运到了延安。书有五六十箱,绝大部分是线装书。运来后全部放在杨家岭新落成的中央办公厅巨石建筑里。范文澜十分感动。

马列学院成立了一个编译部,专门从事十卷本《马恩选集》和十卷本《列宁选集》的编译工作。闻天亲自指导,集中了一批人才,其中有张仲实、王思华、何锡麟等。他规定任务,每天译一千字,一年三十六万字。生活上对他们很照顾,派了服务员照料他们的日常生活,每人每月发津贴四元五角。那时政治局委员们的津贴也只有五元钱。闻天得到了外文版的书刊,就亲自送到编译人员的住地。编译部在马列学院的后山,他总是不怕劳累,爬山走去。

师哲1940年随恩来同志和弼时同志从苏联回来,住在蓝家坪中宣部,暂时没有什么事。闻天就把他请来为马列学院开俄文班。陈波儿等二十来人坚持学下来,取得了成绩。

闻天还特别重视培养青年。马列学院第一期结业时,他同张启龙、王学文等同志商量,留下一批青年做教学和管理的骨干。宋平、邓力群、马洪、王光伟、田家英、曾彦修、李清等,都是这一批留校的。那时大都是二十来岁的青年。还有不少学员被分配到中央各机关工作,也有上前线的,经过实际工作的锻炼,绝大部分成了得力的骨干。后来闻天每谈到马列学院,都感到欣慰。总是很有感慨地说:马列学院还是出了一批人啊!

1941年春,毛主席批评教条主义。闻天同王明完全不同,他自觉接受批评,态度是很谦虚、很诚恳的。依我看,无论是毛主席还是张闻天,都

是从对党、对革命、对人民负责的高度，来对待历史上的是非和总结经验教训的。所以，他们在政治上、在对历史问题的看法上，没有什么原则分歧。从中央苏区后期开始，闻天和毛主席一直配合、合作得很好。长征初期反对"左"倾军事指挥，遵义会议挽救党和红军，和红四方面军会合后同张国焘右倾逃跑和分裂作斗争，到陕北后实现从内战到抗战的策略转变，过黄河东征，和平解决西安事变，抵制和批判王明的"右"倾投降主义，在一系列重大事件中张闻天都是支持毛主席的，是同毛主席并肩战斗过来的。闻天对毛主席是尊重的，大事都同毛主席商量，听毛主席的意见，然后开会讨论。毛主席的主张、方针、策略，在闻天这里通行无阻，能够及时得到贯彻。处理日常工作，也是两个人商量，然后写文件、发电报。这一类文字闻天写得多些。据说，中央档案馆现在保存的电报中，从1935年10月到达陕北起，至1938年10月六届六中全会开完为止，有闻天个人署名或者与别人联名的电报一共是四百五十一份，其中"毛洛"或"洛毛"联名的就有二百八十六份之多，占了将近三分之二。可见他们关系的亲密。毛主席当着我们的面说闻天是"明君"，叫我"娘娘"，背后也赞扬"洛甫是不争权的"。有人对闻天尊重毛主席有议论，甚至说闻天是"泥菩萨"，他也不为所动，总是说"真理在谁手里，我就跟谁走"。

　　闻天对自己在历史上犯过"左"倾错误从来不隐瞒、不掩饰。他在1937年5月党的全国代表会议开幕词中，就检讨了六届四中全会以来的主要错误。1941年9月10日毛主席在政治局扩大会议上指出，六届四中全会至遵义会议前党中央领导所犯的错误是路线错误，它比立三路线的"左"倾形态更完备，时间更长，后果更惨，其思想根源是主观主义和形式主义，明确提出要在党内反对主观主义和宗派主义。闻天听了毛主席的这篇报告以后，在当天会上就发言表示拥护，说："毛主席的报告，对党的路线的彻底转变有极大的意义。"赞成清算四中全会以后到遵义会议以前的错误，赞成反对主观主义。他诚恳地表示："过去我们对苏维埃后期的错误没有清算,这是欠的老账,现在必须偿还。""反对主观主义,要做彻底的清算,不要掩盖,不要怕揭发自己的错误,不要怕自己的瘌痢头给人家看。"除了"还账"即"清算"历史错误之外,闻天还自觉地就从根本上克服主观主义提出"补课"的要求:"过去国际把我们一批没有做过实际工作的干部提到中央机关来,是一个很大的损失。过去没有做实际工作,缺乏实际经验,现在要补课。"

这次会后,闻天专心致志地研究了党的历史文件和毛主席的全部著作,从党史上认识毛主席是正确路线的代表,对毛主席更加心悦诚服了,对土地革命后期的错误认识也更为系统和深刻。在9月底的政治局扩大会议上,闻天再一次诚心诚意地检讨并承担责任。他说:"对中央苏区工作,同意毛主席的估计,当时路线是错误的。政治方面是'左'倾机会主义,策略是盲动的。军事方面是冒险主义(打大的中心城市、单纯防御等)。组织上是宗派主义,不相信老干部,否定过去一切经验,推翻旧的领导,以意气相投者结合,这必然会发展到乱打击干部。思想上是主观主义与教条主义,不研究历史与具体现实情况。从'九一八'、大水灾、冲破三次'围剿'、四中全会等决议开始,便已发生了'左'的错误,这些错误在第五次反'围剿'中发展到最高峰,使党受到很严重的损失。我是主要的负责者之一,应当承认错误。特别是宣传错误政策上我应负更多的责任。"闻天这样严格的自我批评,他这种服从真理、修正错误的精神,为第三次"左"倾路线时期犯错误的同志做出了样子。

闻天不但在会上检讨错误,而且用实际行动弥补自己的不足。他请求离开中央到基层去做调查研究。这个请求得到中央批准后,他立即抽调干部,组成"延安农村工作调查团",出发调查。参加这个调查团的除我之外有:中央党务研究室的雍文涛、薛光军,中央政治研究室的曾彦修,中央财委的尚明、徐羽,中央研究院的马洪、许大远、薛一平。选定调查地点为晋西北,闻天起了一个化名叫张晋西。

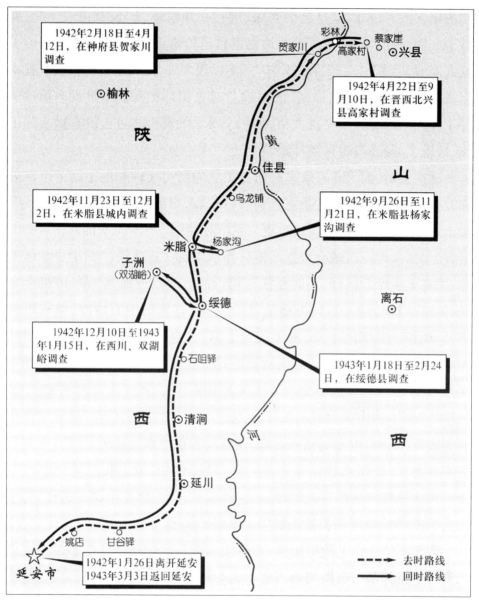

1942年2月18日至4月12日，在神府县贺家川调查

1942年4月22日至9月10日，在晋西北兴县高家村调查

1942年11月23日至12月2日，在米脂县城内调查

1942年9月26日至11月21日，在米脂县杨家沟调查

1942年12月10日至1943年1月15日，在西川、双湖峪调查

1943年1月18日至2月24日，在绥德县调查

1942年1月26日离开延安
1943年3月3日返回延安

‑ ‑ ‑ ‑ ► 去时路线
————► 回时路线

1942年1月至1943年3月，张闻天率领调查团赴陕北、晋西北进行农村调查，刘英为调查团成员之一。这是调查路线图

张闻天与刘英在山西兴县任家湾村调查时住过的地方

调查团在 1942 年 1 月 26 日清晨从杨家岭启程,弼时、富春、尚昆等同志前来送行。调查团十人,加上随行警卫的一个班武装,看去也是一支小小的队伍。

到绥德,受到王震同志热情接待。那时他刚结婚,把他的窑洞让给我们住。我们再三辞谢,王震执意要让,只得客随主便。闻天笑着用《诗经》上的两句诗说,这下可真是"唯鹊有巢,唯鸠居之"了。

旧历大除夕,我们到达黄河西岸渡口彩林村。按原计划要东渡黄河进入晋西北,因当时日本鬼子正进行冬季"扫荡",去不了。过了年只好折回陕甘宁边区。记得这时贺龙同志派人给我们送来白面,我们就在这里包饺子过年。彩林这地方颇似"塞上江南",以后我们在这儿来回渡黄河多次。有一次遇上吴印咸他们的摄影队,给我们在黄河渡口、小米地里拍了好几张照片。

这次社会调查从 2 月在神府县贺家川开始,4 月至 8 月在山西兴县,9 月至 11 月在米脂县杨家沟,12 月至翌年 2 月在绥德,到 3 月初返回延安,前后进行了一年又两个月。这次调查有自己的重点,就是当时的社会生产力与生产关系,从中检验我党抗日战争时期的农村经济政策,提出调整、改善的意见。在每一个地方调查又各有侧重点。如神府调查着重农村生产力,兴县调查着重土地问题,杨家沟调查地主经济,绥德调查则是工业和商业。几个地方合起来,对抗日根据地的全貌就有了一个具体的了解。

调查非常深入细致。闻天亲自设计了许多表格,要调查团成员分别深入自然村挨家挨户做调查。他自己也负责一个自然村。在贺家川调查生产力状况,要求了解当地各种土地类型及其等级,各种作物在各种土地上的播种量、施肥量和常产量,各种牲畜的使役量、产肥量、租用借用办法、全年的经济效益、各种草料的消耗量等,以至如牛、驴、猪、羊、鸡、兔的粪各有什么特点,适于什么土壤、什么庄稼,为什么高粱产量低仍然要种

1942年9月16日,张闻天、刘英与调查团的同志在神府彩林谷子地边。左起:雍文涛、曾彦修、尚明、刘英、马洪、张闻天、薛光军、许大远、徐羽

它,为什么贫穷人家不能种小麦、不能种大蒜头,等等,都要了解得清清楚楚。我和马洪等同志还跟着闻天赶过一次集。在集市上看到有专养公驴配种的,闻天十分重视,详细询问了有关情况。知道配一次种要收三斗黑豆,但养公驴这行当则被视为"贱业",没有什么人愿意干。闻天告诉县里同志,毛驴几乎是陕北唯一的畜力,用处很大,要打破旧观念,鼓励多养配种公驴,养种驴的人多了,收费自然就会降低。

到杨家沟调查地主经济时,马洪了解到当地最大的一家地主马维新家保存着将近一百年来的各种账簿,买地、典地、收租、放债、雇工、经商和日常生活收支,都记得清清楚楚。向闻天汇报后,闻天如获至宝,即让马洪前去做工作,问他借。马维新比较开明,他的子女中也有参加革命的,

答应把这些账簿全拿出来,任凭我们研究。闻天一本一本翻阅,我在旁边帮着抄录数据、材料,马洪打算盘,日夜统计。我们一起忙了一个来月。闻天风趣地说:马克思在伦敦图书馆里算资本家的"账本子",写了《资本论》,我们要弄明白中国的经济,也不能不研究马太爷家的"账本子"啊!

闻天还强调,在深入调查、获得丰富的第一手材料之后,要善于综合,得出带有规律性的认识。他要求调查报告要在调查地写好,不仅有翔实可靠的材料,而且要有鲜明的观点,理论的概括。《杨家沟地主调查》就以翔实可靠的材料说明,封建地主阶级如何以地租剥削为基础,同高利贷和商业剥削结合在一起,对农民残酷剥削和掠夺土地,以至大地主如何对中小地主进行弱肉强食的土地兼并的情况。对于当时农村经济发展的趋

1942 年农村调查期间的张闻天与刘英

势,闻天认为将是封建势力削弱,个体小生产经济发展;中农向富农发展,地主向富农转化,发展趋势是资本主义。据此,从是否有利于生产力这个根本点出发,闻天提出我们现时的农村经济政策应是"切实掌握新民主主义的经济(政治)政策",即三分封建七分资本主义的政策。他指出,封建剥削制度是落后的,资本主义的生产方式比个体小生产先进,"因为中国太落后,只有走过新式资本主义的第一步,才能走社会主义的第二步。社会主义和共产主义,是我们的理想。发展新式资本主义,是我们现时的任务"。

闻天通过调查提出的看法、主张以及不少具体的政策建议,是从实际中来的,同党中央当时实行的政策其方向和精神是一致的,有些政策建议还有所充实和发展。

正在绥德调查时,闻天接到中央电报通知,即于 1943 年 3 月初赶回延安,绥德调查的材料都没有来得及整理。我随闻天回到延安,稍事休息,他就参加 3 月中旬召开的中央政治局会议。这次会议,推选毛泽东为政治局主席、书记处主席,决定书记处由毛泽东、刘少奇、任弼时组成。此后,闻天正式离开书记处。对这次职务变动,闻天思想上早有准备。会后他就集中精力总结陕北、晋西北调查的体会,写了《出发归来记》作为一年多调查研究工作的汇报,得到中央的肯定。

闻天认为一年多调查最重要的收获在于"冲破了教条的囚笼",认识到"以后有向着接触实际、联系群众的方向不断努力的必要"。他说:"接触实际,联系群众,这是一个共产党员的终身事业。"可以说,从此以后闻天用自己的行动实践了他写下的这句话。

写完《出发归来记》,闻天就继续他在绥德未完成的调查课题,在延安进行了工业调查。同时他常到西北局贾拓夫那里,进一步整理调查报告,交西北局印行。记得《神府县直属乡八个自然村的调查》就是在当年十月出版的。

张闻天与刘英在延安杨家岭的故居

　　我们回延安以后,曾经去看过一次正在养病的王明。王明对闻天说:这次整风,主要是整我们莫斯科回来的同志的,尤其是你。1940年3月恩来同志从莫斯科治伤后返回延安,传曼努伊尔斯基的话说,你是我党的理论家。毛主席听了这句话大发脾气说,什么理论家,背了几麻袋教条回来。所以要特别反对你。王明还说自己太不懂人情世故了,什么话都随便说,所以遭了毛主席的忌,毛主席此人实在太厉害,真是睚眦必报。孟庆树也在一旁插嘴帮腔。闻天听了王明这番话,没有附和,并说:我们过去确有很多错误,应该好好反省。

　　回来后不久,整风进入审干阶段。我担任中直行政处学委会的副主任。总学委会的副主任是康生,极左,搞"逼供信",发动"抢救运动",对外面来的知识分子不信任,弄得草木皆兵,到处是"特务"。闻天对这种搞法很不满意,当面对康生讲:知识分子中哪来这么多特务。闻天认为奔赴延安的知识分子是先进青年,是怀着民族仇恨、为追求真理而到延安来的。社会关系当然要复杂一点,但青年本人是纯洁的。社会关系复杂不能说明他们有问题,正好说明他们是"叛逆者"。康生一本正经地说:你不要怀疑,我把材料给你看。康生拿了一摞子《防奸经验》来,闻天认真看了。他对我说,一套一套的,全是编的。他把材料退给康生,说:这些东西看来是编的。康生坚持说"是真的"。

"抢救运动"发展到后来,抓了好多人,关在枣园那边山沟里。凯丰后来的妻子,经不起诱供、套供、连环战,得神经病死了。柯庆施的老婆也逼得跳井自杀。幸亏毛主席发现了,及时制止。本来中直系统要开十天坦白大会,开到第二天,毛主席叫停下来。以后又宣布"一个不杀,大部不抓"、"首长负责,亲自动手"等九条方针,才把审干问题上康生搞的极左的那一套逐步纠正过来。

1943年秋,批判抗战初期王明右倾投降主义错误。有一次中央机关干部会上对王明揭发批判,孟庆树参加了。王明在1941年9月毛主席批评主观主义、教条主义以后,从10月起就生病不参加各种活动了。孟庆树听了许多同志发言之后跑上台去发泄不满,说大家对王明的批评是诬蔑,提出用担架把王明抬来澄清事实。她在台上叫嚷了一阵,没有人睬,跑下台来,又往毛主席膝上一扑,痛哭流涕,口口声声要毛主席主持公道。我那天开会就坐在毛主席旁边,看到毛主席一动不动,知道这一回毛主席下了决心,对王明不再迁就了。两年前王明拒不承认错误而称病时,毛主席是把对王明"左"右倾错误的直接批判暂时搁置了起来的。

对王明右倾错误的集中批判进行了个把月,接下来就是高级干部和"七大"代表学习和讨论党的历史与路线是非。这是整风运动的深入与提高。参加学习讨论的有七百多人。我是"七大"代表,也参加了。我们那一组王首道是组长。闻天同富春、尚昆、聂荣臻等编在一个学习组里。

我们这时住在杨家岭,会就在我们窑洞里开。学习文件,回顾历史,总结经验,气氛严肃而又和谐。记得这时彭真同志带来一些茶叶,尚昆同志来,总爱让我给他泡上一杯香片。

学习两个月后,各人对照检查写自传。闻天很认真,写了将近四万字,称为"反省笔记"。有些部分是我帮他誊写的。在笔记中,他扼要地叙述了自己的经历和思想发展过程,几乎绝口不谈自己的贡献,而对于自己在六届四中全会后一段时间里所犯的"左"倾错误,进行了系统深刻的揭发批判,对曾经参与的历史事件和与此相关的同志,他都负责地一一说明事实的真相,客观地评价其功过是非。闻天写完这篇笔记之后,便送到毛主席那里请他过目。毛主席看后立即到我们窑洞里来,说:我一口气把它读完了,写得很好!

1987年5月10日,重回延安,在枣园旧居前留影

1944 年春,毛主席对若干重要历史问题作了结论,党中央决定起草历史问题决议案,5 月成立了起草小组(正式名称为"党的历史问题决议准备委员会"),召集人是弼时同志,闻天是成员之一。这时我担任闻天的政治秘书。印象较深的是,这时闻天同胡乔木同志商量问题较多。据看过档案的同志告诉我,闻天为起草第一个历史决议花了不少心血。他曾对历史决议的一个草稿进行了修改,使它成为后来通过的决议的基础。毛主席1945 年春天对决议草案稿的修改,就是在闻天修改的那份稿子上进行的。

我 1939 年 3 月返回延安的时候,就听说要准备开"七大"了。1938 年的六届六中全会作出了在较短时期内召集"七大"的决定,筹备工作也已开始进行了。

记得 1939 年夏秋之间,前方军队的领导同志回延安来,似乎同开"七大"有关系。小平同志同卓琳就是在那时成功的好事。我参加了他们一对同孔原和许敏一对同时举行的婚礼。在杨家岭窑洞前摆了一溜子,相互劝酒,搞得非常热闹。我的老同学孔原在大家连连进攻之下,喝醉了酒,昏睡了一晚上。小平同志一杯一杯地同人家干杯,却神态自若。后来有人揭底,他喝的大多是白开水。

"七大"推迟到 1945 年召开,显示出毛主席的英明。因为只有经过全党整风,经过对党的历史经验与路线是非的讨论学习,经过若干历史问题决议的起草讨论,全党才可能达到在毛泽东思想基础上的空前的统一与团结,这样"七大"召开的条件才成熟。

"七大"的代表早从各地集中到延安。从 1943 年 10 月学习两条路线到 1945 年 4 月 23 日开幕,将近两年。这两年思想斗争相当尖锐,但生活过得比较轻松。杨家岭大礼堂早已落成,晚上经常举办舞会。就是民族音乐伴着陕北的锣鼓,倒也别开生面。毛主席常去跳舞,他只会一般的四步、三步,说自己跳舞的水平是"踏着音乐走路"。闻天这时不担负实际工作,主持政治材料室,搞国际、国内形势的参考资料。虽说写的东西不

少,但在他来说已是非常轻松了。空闲下来,也能同我下下围棋,种点西红柿、草莓之类了。

在党的"七大"全体会议上,闻天作了一次长篇发言,以自己在六届四中全会至遵义会议这一时期犯路线错误的历史教训和遵义会议开始在毛主席领导下前进的历史经验,进行对比,生动具体地论证了毛主席"七大"报告中提出的党的新的工作作风,即以毛泽东为代表的理论和实际结合、联系群众、自我批评的作风。闻天的发言受到大会代表的欢迎。毛主席在大会上说:"有些同志作了很好的自我批评,这些自我批评,我们大会同志都一致欢迎。"

1945年4月至6月,中共"七大"在延安举行。图为大会主席台的一角。右起:李富春、彭真、陈毅、张闻天、彭德怀

　　"七大"选举中央委员之前进行预选,有几位同志落选。毛主席来同闻天商量落选的几位要不要列入正式名单。我也在旁边。毛主席问我的意见怎么样,他笑着说:你是娘娘,有何意见啊!我说:我已经不是娘娘了。他说:你是三朝元老,应该听你的意见。我直率地讲了自己的看法。

　　正式选举中央委员时,稼祥同志落选,出乎毛主席的预料。毛主席特地在大会上讲话动员大家选他当中央候补委员。毛主席说:"遵义会议是一个关键,对中国革命的影响非常之大。但是,大家要知道,如果没有洛甫、王稼祥两个同志从第三次'左'倾路线分化出来,就不可能开好遵义会议。同志们把好的账放在我的名下,但绝不能忘记他们两个人。"这是发自毛主席内心的很公正的历史评价。闻天在"七大"当选为中央委员,七届一中全会又选他为政治局委员,这体现了全党同志对他的信任。

九、在东北：一生中最愉快的日子

抗日战争胜利以后，毛主席同恩来、若飞等同志即于 1945 年 8 月 28 日飞往重庆同蒋介石谈判。此后没有几天，我军驻沈阳部队负责人曾克林同苏联红军代表卫斯别克一起飞到延安，报告东北情况。9 月 14 日，中央政治局开会研究了东北和全国的形势，决定成立中共中央东北局，派彭真、陈云等同志立即赴东北开展工作。当时，东北的得失，关系到中国革命的成败。争夺东北，实际上就是争夺中国的天下。闻天和许多同志都积极要求到东北去，我也向富春同志提出要去。那时毛主席还在重庆谈判，少奇同志主持中央工作。他在 9 月 15 日给毛主席的电报中即转告了闻天等人的迫切要求。不久，中央作出决定，陆续派遣闻天、高岗、李富春、林彪、罗荣桓等十名中央委员和十名候补中央委员率领二万干部和十一万大军挺进东北。

我们大约在 10 月 22 日搭一架到延安来的美军飞机飞抵邯郸。飞机上只能坐十一人。除我和闻天之外，其余九人是：高岗、李富春、王鹤寿、凯丰（何克全）、陈正人、陈光、朱瑞、郭述申和机要员黄友凤。到邯郸后，在一个村子里遇到宋任穷。他告诉我们这里马上要打仗，催我们赶快走，于是第二天就上了路。由富春带队，陈光管军事，逢山爬山，逢水过水，或骑马，或坐大车，走了一个星期，11 月初到达太行山一二九师司令部。刘伯承、邓小平同志热情招待了我们，留我们在那里休息了两三天，还派一个骑兵连护送我们。到承德后，我们才坐上了苏联红军开的破火车。一路开开停停，中间又换乘过汽车，跑了大约一个星期，于 11 月 20 日到达沈阳。

到沈阳以后，闻天、富春、高岗、凯丰四人去东北局开会，回来高岗大谈当晚就战略方针问题发生的争论。一种意见是：苏联要履行它同国民党政府签订的中苏条约和协定，把沈阳等大城市交给国民党，现在国民党军队已占了山海关，力量对比是敌强我弱，我们又缺乏群众基础，所以我们的方针应当避开大城市，到农村去发动群众，建立根据地。闻天完全支持这种意见。而另一种意见认为不能放弃大城市，认为苏联红军理应支持我党我军。当场争得面红耳赤。高岗说，咱们到哈尔滨找陈云同志去。第二天一早，我随闻天、高岗、王鹤寿等一起，爬上了一列苏军的运煤车，在一节玻璃窗都破了的装运苏军的车厢里，找到了一点地方，席地而坐，冒着刺骨的寒风，前往哈尔滨，于 11 月二十七八号到达。

抗战胜利后，张闻天到东北从事革命根据地的开辟和建设工作。这是东北工作时期的张闻天

当时我党在哈尔滨还没有公开。我们在南岗的一幢小楼——北满分局的秘密机关里找到了陈云同志。他当时是北满分局书记,忙得不可开交。陈云同闻天、高岗在一间小屋子里对东北工作的方针问题进行了认真的讨论。高岗抽烟厉害,又是秘密讨论不能开门,搞得一屋子烟雾腾腾。他们商量给党中央发电报,让闻天执笔拟稿。陈云同闻天一起写了改,改了又写,忙了将近一夜。这就是以"陈、高、洛"名义给东北局并中央发的《对满洲工作的几点意见》。

闻天他们在电报中指出:"我们必须承认,首先独占三大城市及长春铁路干线以独占满洲,这种可能性现在是没有的。"因此,当前东北工作的基本方针,"应该不是把我们的全部注意力集中于这三大城市,而是集中必要的武装力量,在锦州、沈阳前线给国民党部队以可能的打击,争取时间,同时,将其他武装力量及干部,有计划地、主动地和迅速地分散到北满、东满、西满,包括广大乡村、中小城市及铁路支线的战略地区,以扫荡反动武装与土匪、肃清汉奸力量,放手发动群众,扩大部队,改造政权,以建立三大城市外围及长春铁路干线两旁的广大根据地。"电报还指出,"北满工作的中心,应该放在广大农村、中小城市及铁路支线的几个根据地的建立"。陈云、闻天等人的意见,同中共中央给重庆代表团电报中提出的"让开大路,占领两厢"的东北工作方针不谋而合。电报在11月底发出以后,12月9日中央就复电,对《对满洲工作的几点意见》表示"完全同意"。

闻天到哈尔滨以后,还同陈云同志商量了今后工作的安排。记得闻天指着地图说,佳木斯这一片,像一把沙发椅,背靠苏联,一边是朝鲜,是极好的战略后方。陈云同志就说,那你就到那里去吧。按他们的设想,是把三江平原建设成巩固的战略后方。我方从沈阳、长春北撤至哈尔滨以后,如果继续后退,佳木斯就是可靠的根据地。后来,在情势紧张的时候,东北局的"后方"以及东北日报社、东北大学、东北电影制片厂等许多单位都撤到合江,佳木斯成了"小延安"。证明当初陈云、闻天他们的预见是正确的。

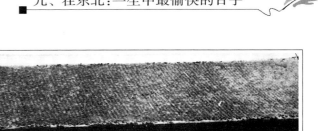

张闻天与刘英在宁安的住所

　　1945 年 11 月底，东北局决定闻天担任中共合江省委书记。12 月 7 日我们即取道牡丹江前往佳木斯。那时牡丹江至佳木斯铁路不通，我们乘卡车前往。行至林口，遇到叛匪袭击。护送的苏军将土匪赶走了。我们在苏军驻林口司令部住了两天。同行的方强同志（合江军区司令员）鉴于情势危急、混乱，建议闻天暂时不去佳木斯，由他和几个军队干部先去。经请示北满分局同意之后，我们遂折回牡丹江。

　　当时担任牡丹江地委书记的是李大章同志。闻天不愿待在城市里，李大章建议闻天到宁安去蹲点，做开辟工作。宁安离牡丹江只二三十公里，抗联在那里有活动，有地下党，工作有点基础。这样，我们在十二月中旬就到了镜泊湖下、牡丹江畔的古城宁安。同去的有富振声（勃利县人）和他的爱人孙平（宁安县人）等十几个同志。闻天化名张平之，以北满分局代表的名义指导工作。在短短四五个月时间里，闻天深入调查研究，广

泛发动群众,恢复了地下党的活动,建立了公开的县委,发展了一批党员,领导了反奸清算、清剿土匪、分配土地、建立政权等工作,迅速改变了敌伪残余势力猖獗的局面,将宁安建成一个初具规模的根据地。在当时我军解放的北满五十八个县中,宁安是发动群众较为深入的五个县之一。

我们在宁安度过了第一个冬天。虽然艰险却感到非常充实。闻天利用在宁安的机会,做了周密的社会调查,对日伪统治了十四年的宁安的政治、经济、文化、社会生活,作了深入的研究,这样对东北的基本情况做到心中有数。闻天又从宁安的实际出发,将开辟根据地的各种工作初步做了一遍,在此过程中形成了比较切合东北实际的一套办法。

1946年春回大地,铁路线打通了。李范五同志派火车来接我们。我们遂于5月11日离开宁安,前往佳木斯。闻天是带着把合江建设成为巩固的战略后方的指导思想,带着在宁安取得的宝贵经验踏上三江平原的辽阔土地,主持合江省委工作的。我随同闻天一起,在这里工作与战斗了整整两年。两年间,在前线我军粉碎国民党军队进攻的形势下,闻天坚决执行党中央和东北局的路线、方针、政策,在合江地区的本地干部(抗联的、地下党的)、外来干部(包括来自各根据地的不少高级干部)和军队干部的支持下,团结一致,放手发动群众,把一个政治混乱、土匪猖獗、经济凋敝、民不聊生的合江省,建设成为东北巩固的战略后方,最大限度地提供了本省的人力、物力、财力支援解放战争。这两年中,在剿匪斗争、土地改革、发展生产、政权建设、党的工作、干部培养等方面,闻天都较稳当地执行和掌握党的政策,抵制与反对了"左"的或右的做法,创造了宝贵的经验,曾多次受到党中央、东北局、北满分局的肯定和赞扬。这里,我想就感受较深的几个方面,说说闻天当年在合江同大家共同工作与战斗的情况。

到基层和地方做实际工作,到艰苦的地方工作,这是出自闻天内心的愿望。他知道,合江地处高寒地带,生活条件比大城市差得远;而且匪情

张闻天领导合江土改过程中，经常深入农户调查，这是他和刘英 1948 年在鹤岗
一户农民家中

严重，东北有名的胡匪"四大旗杆"都出没在合江的深山老林，很不安全，
但他乐意前往。到了佳木斯以后，他总是不怕艰苦，不顾危险，忘我地工

作和战斗。他的办公室是一间十几平方米的房子,里面搭个铺,又办公又睡觉。每次到靠近佳木斯的屯子里去调查研究、指导工作,还自己带上馒头、咸菜,不要下面张罗饭食。有一次同桦南县委约好,前往了解工作,刚好碰上风雪交加的坏天气。闻天毫不犹豫,同我一道坐上马拉的雪橇,赶到那里时已是满身冰霜。桦川县长发区会龙山屯是闻天搞的点。那里离城有二十来里路,道路很坏,我们冒着零下四十多度的彻骨严寒坐马拉爬犁前往。当地缺煤,没有热炕。我们裹着皮大衣睡觉。遇到危险的事,闻天也总是挺身而出。1946年10月,凤翔县城遭五百多土匪袭击,而我军主力部队当时已开往山区追剿土匪去了。闻天得知这个消息,立即亲自带领军区直属部队乘火车赶往鹤岗,指挥部队分两路救援凤翔,迫使土匪在占领凤翔的当天中午,丢下我大部分被俘人员,匆忙逃遁。1946年冬,曾发生过伤病员聚众闹事,围攻省政府的事件。闻天坚持采取说服教育的办法,不怕围攻,不怕挨打,亲自出面召集伤病员干部开大会,一方面,实事求是地检讨了地方工作上的缺点,另一方面,又恰如其分地批评了聚众闹事的错误,妥善地解决了矛盾,密切了军政关系。

对于一个党的领导干部来说,艰苦奋斗,无私无畏,在艰险危急关头,把个人安危置之度外,是必不可少的品格。没有这样的品格,就没有资格当领导干部。但是,仅仅做到这些,对一个领导干部说来,还是不够的。党的领导干部还必须善于从实际情况出发,制定和执行正确的政策,面对各种错误倾向,敢于坚持真理,避免左右摇摆,这样才能发动群众,做好工作,引导革命走向胜利。闻天在合江时,四十六七岁,正当盛年。经过二十多年革命斗争的磨炼,又经过延安整风到党的"七大"对正反两方面经验的总结,他在各方面都比较成熟了。他从理论和实践的结合上较为正确地把握了中国革命的规律,又注意体察与研究东北和合江本地的情况,因此在各项工作中能够自觉地制定切合实际的方针、政策,能够清醒地坚持真理,避免左右摇摆。

剿匪斗争是建立合江根据地的首要任务。方强司令员先到合江，领导剿匪斗争，取得不小的成绩。闻天到佳木斯以后，在对整个剿匪斗争作总结的基础上，进一步提出了剿匪方针与战术。闻天指出，合江境内的大小股匪，基本上是伪满军、政、警、特、地主、恶霸组织而又接受了国民党委任的政治顽匪，立场反动，态度顽抗，因此，我们的剿匪方针应是消灭不是争取，是"杀头"不是"洗脸"。对土匪采取收编加委的办法是错误的，沿用抗战时期统一战线中反磨擦的"打拉政策"也是错误的。血的教训说明，对于合江顽匪，不用武力打垮他们，是决不会投降的。在剿匪战术上，闻天不赞成对土匪组织"铁壁合围"与"分进合击"的击溃战，那样做既不能抓到匪首，也不能歼灭股匪，他主张以穷追堵击相配合，采用"三猛战术"（猛打、猛冲、猛追），实行以毙俘匪首、消灭股匪为目标的歼灭战。接任合江军区司令员的贺晋年同志执行了"猛打穷追，钉楔堵击，彻底消灭"的清剿方针。以贺晋年和三五九旅的谭友林同志组成剿匪指挥部，分别担任正副总指挥，他们亲自率领部队，在冰天雪地中几次横跨牡丹江，在东西两岸把"四大旗杆"中的谢文东、张雨新和李华堂三人接连活捉或击毙。他们穷追猛打各个股匪，前后不到五个月，基本上把土匪消灭了。1947 年春节，合江人民经过十几年的战乱，第一次过到一个和平快乐的新年。在追剿途中，贺晋年同志通过电台经常向闻天汇报、请示，闻天随时给予指导和物质上的支持。闻天还依据贺晋年从前线发来的电报，亲自以《合江日报》记者名义写了报道《贺司令员对本报记者谈依兰剿匪胜利的经验》，特别强调了指挥员在剿匪中要有坚定的决心，要培养连续作战的能力，不要为一点困难影响既定的作战行动。首长要深入部队，亲自鼓励部队，亲自讲话，同部队一起爬山，与战士同甘共苦。在动员中，要号召活捉匪首才算完成任务。

在土改中顶住"扫堂子"风，也是比较突出的例子。在全国土地会议之后，1947 年冬到 1948 年春，东北一些地方出现了一种"左"的倾向，刮

起了一股"扫堂子"风,即让地主、富农净身出户,把他们的财物都挖出来分掉。这些地方在充分满足贫雇农要求的口号下,为了更多地挖浮财,开始在村内"扫堂子",后来发展成以区甚至以县为单位的联合"扫堂子"。这样做,大大地扩大了打击面,使一些中农特别是富裕中农也被当作地主、富农斗了,财产被分了。当时《东北日报》和有的省报大量报道"扫堂子"的经验,号召仿效这种做法。合江地区有些干部也沉不住气了,责问省委为何不发动"扫堂子",甚至怀疑、埋怨省委右倾,个别地方也有已经动起来的。闻天当时非常坚定。他毫不含糊地表态:"'扫堂子'的做法是'左'的东西,不能搞。"他亲自掌管的《合江日报》,对《东北日报》、某些省报刊登的"扫堂子"的经验和社论一律不予转载。1947年冬一个风雪交加的日子,我陪闻天赶到桦南县委,他最不放心的是怕刮起"扫堂子"风。他询问了有无类似做法,并耐心解释"扫堂子"是"左"的错误倾向。他听说桦川县有一个区一夜之间平分了二十多户中农的财产,连夜把这个区的负责同志找来汇报,研究措施,坚决制止侵犯中农的做法。了解到桦川县大赉岗区用诉苦、说理而没有用净身出户的办法斗垮了地主,他即加以肯定,并在全省群工会议上赞扬、推广其经验。为了顶住"扫堂子"风,闻天还带领干部考察了已经"扫堂子"的地区,用事实教育干部认识"左"的做法实际上对土改起了破坏作用。在调查研究的基础上,闻天又果断决定召开全省群众工作会议,就怎样估计合江土改工作和要不要搞"扫堂子"等问题展开了大讨论。会上各种意见交锋,争论十分激烈,最后统一了认识,认为合江的土改是比较彻底的,不应搞"扫堂子"。闻天在会上作了《合江农村的新形势与新任务》的报告,作出"合江全省大部分地区已经基本完成了土地改革的任务"的估计,及时地、坚决地把工作重点从土地斗争转入生产斗争、从平分土地运动转入到生产运动上去。1948年3月东北局在总结整个东北的土地改革时,充分肯定了合江省委的上述做法,说合江省土地改革是健康发展的,省委掌握政策比较稳。

刘英和张闻天在佳木斯

　　在合江工作的两年间，闻天在错综复杂的矛盾和艰难险阻的局面面前，为什么能够保持清醒的头脑、富有革命的胆略？我想，除了无私无畏之外，还在于他对革命理论的深刻把握和对现实情况的透彻了解，在于他那深入实际，依靠群众的工作作风。

　　在城市工作中，我们到达佳木斯以后，首先碰到的一个问题，是反奸清算中怎样对待日伪的配给店和加工业。日本帝国主义强占东北时期实行"经济统制"，指定商店和加工厂销售和生产受"统制"的商品，包括生活必需品。大加工厂、大配给店为汉奸资本所掌握，清算没收，没有问题。小加工厂、小配给店虽则只能按日伪规定的工价和配售价格得到收益，但由于他们直接影响群众生活，也常有克扣配给物资等损害群众利益的行

为,群众也要求进行清算。如果不满足群众的要求,就会影响工人与市民的发动;如果完全按群众的要求去清算,势必使配给店和加工业破产。为了解决这个东北城市工作中特有的矛盾,闻天深入街道,调查研究,分析了小配给店和小加工业的性质和作用,按照《五四指示》的精神,提出了解决的办法。通过省委会议讨论决定,1946年7月4日下达了《城市清算运动中应注意事项》的文件。闻天从理论上强调:"我们对待城市工商业资产阶级与对待封建地主阶级的政策,应有原则的区别。清算地主阶级的目的,是在消灭其封建剥削,而清算配给店和加工业,则是收回其不应取得的意外之财及限制其过于苛刻的额外剥削。"从而在政策上规定,清算的项目,主要是群众已交款项而未配给群众或少配给群众的配给品,或群众虽未交款项但已经从敌人那里领到的配给品。指出:对历年克扣的部分,老百姓要求清算是正当的,应该赞助,被清算者应该认错赔罪,但在经济处理上则采取有限的罚款形式,以不使被清算者的工商业倒闭,不影响其正常的营业与生产。这就恰当地解决了群众的当前利益和长远利益的关系,防止了"左"或右的偏向。

经过城市清算运动,闻天又适时地引导大家把注意力从清算转向发展生产,为省委起草了《发展工商业的若干政策问题》的决议。这个决议也从对于资本主义与对于封建主义政策的根本原则区别着眼,大胆地提出:"为繁荣工商业、改善人民生活、支持长期战争,必须承认,大量的吸收私人资本,发展私人资本主义,是非常重要的任务。"并从现实经济生活中存在的矛盾出发,对"小公家"的经济作出种种限制与禁止的规定。当时东北称省、地、县所掌握的公有经济为"大公家",党政军各机关、单位所有并经营的经济为"小公家"。闻天分析了这种"小公家"资本固有的矛盾与弊端:"小公家的资本,一般都是为了解决本单位供给上财政上的需要,往往只照顾本单位的局部,不照顾全局,容易与民争利,破坏政策。"提出"小公家资本的活动范围应该受到限制"。决议规定"小公家"

的以下活动应在禁止之列："它们使用各种特权同私人资本争利的一切举动是应该禁止的"；除军区可在服从政府法令和受省贸易公司指挥下经营商业之外，"其他小公家的贸易，连粮食的贸易在内，一律禁止"；"小公家的各种商店，必须在最短时期内宣告结束"。为什么禁止"小公家"经商？闻天指出，"小公家"依靠军政特权经商，不但破坏了工商业政策，而且也损害了自己。既解决不了自己的供给问题，又腐化了自己的一部分干部，实在是利小害大。闻天对党政机关经商采取断然禁止的措施，及时防止了党政机关的特权和腐败，对干部的清廉在制度上作了有力的保证。

1947年冬，在土改高潮中又出现了一股进城"挖浮财"的风。是支持，还是制止？一时间干部思想比较混乱。闻天在会上提出问题启发大家思考：土改的目的和任务是什么？是消灭封建土地所有制度，还是消灭资本主义私有制？这个问题使大家豁然开朗，认识到《中国土地法大纲》规定"保护工商业者的财产及其合法的营业，不受侵犯"是正确的，符合革命发展的阶段论。闻天还用事实说明，认为东北只有敌伪资本而无民族工商业与私人资本，或者认为现时已有国营工商业和合作社，没有私人工商业也不要紧，这些认识都是不符合实际的，错误的，农民随便进城"挖浮财"的做法是同我党现阶段的工商业政策相违背的，如不及时改变，合江各城市私人工商业在短期内将有全部被搞垮之危险。他说：把铁工厂、木工厂分了，开春谁给农民生产和修理农具呢？把被服厂分了，谁给部队战士缝衣服呢？农民进城，看起来，眼前多分了一点浮财，但从根本上说却损害了国家和人民的利益，包括贫雇农的利益在内，对发展生产、繁荣经济、支援前线与满足农民本身的需要都是不利的。他还说，资本主义私有制，最终是要消灭的，但现在还不到时候，时候不到，过早消灭，就要犯"左"的错误。他还用自己在第三次"左"倾路线期间犯错误的教训，来提高干部们的理论水平和政策水平。认识统一以后，省委于1948年初发布了闻天起草的《在平分土地运动中保护工商业》的指示，使

"挖浮财"的风没有在合江刮起来。合江的这一正确做法,立即得到党中央的肯定。党中央1948年1月31日指示东北局,合江省保护工商业的文件,经修改后,可适用于整个东北各地。党中央还称赞合江省委在这个问题上采取了马克思主义的政策。

在领导土改的过程中,闻天始终亲自调查研究,深入基层蹲点。桦川县是合江土改的试点县,闻天常到县委及各区去,县委书记蔡黎也经常来汇报、交谈。桦川县长发区会龙山屯是闻天蹲的一个点,从1946年7月起,他常到那里去。我记得曾陪同他去过两次。第一次陪同他去大约是在1946年10月初。他亲自搞阶级情况调查,并要蔡黎对这个屯七十二户人家挨家逐户了解情况,写出全屯阶级情况的调查报告。就是这一次,闻天通过座谈调查,发现虽然分了地主老洪头(洪玺亮)的地,地契却没有交出来。就让蔡黎领导组织了斗争会,迫使老洪头交出地契,当众烧了。闻天了解到,在"反奸清算"阶段,类似会龙山屯这样斗争不彻底的情况,如假分地,瞒黑地,转移浮财等,各处都有。11月初陈云同志经过合江时,闻天就向他谈了合江土改中有相当一部分地区,存在着"半生不熟"、"夹生饭"的情况,积极分子队伍不纯,地主威风没有打掉,土地没有真正分到农民手里,认为要设法煮熟"夹生饭"。陈云同志表示赞成,立即给东北局领导成员写信提出这个问题。东北局在11月20日发出了《关于"半生不熟"问题的指示》。闻天在11月上旬的全省群众工作会议上即提出了"半生不熟"地区要重新发动群众的任务。

在合江土改运动中,闻天十分重视发动群众,依靠群众。他在省委第一次扩大会议上就说,东北的大事,合江的大事,就是要使群众觉悟起来,为自己的土地、耕畜、牛羊而斗争。谁能做到这一点,谁就能取得天下。他还经常强调发动群众不是一次可以成功的,也不是一次就能完成的,要在斗争中发动群众,经过"教育——斗争——再教育——再斗争"的多次反复,才能真正把群众发动起来。为了煮熟"夹生饭",闻天在12月中旬再次前往会龙山屯。我又一次陪同前往。我们在那里住了将近一个星期,同蔡黎、白晓光(马加,时任区委书记)等一起深入发动群众,公审、枪毙了李焕章(篡夺乡农会长职务的胡匪),再斗了老洪头(第一次未把全部地契交出),重新分配了土地,民主改选了干部,重新成立了新农会和民兵自卫队,煮熟了"夹生饭"。闻天还指导蔡黎总结典型经验,写成《桦川会龙山屯在争取成为模范村的路上前进》一文,在《合江日报》上发表,向全省推广。

闻天自己搞调查、抓典型,也要求地、县领导同志搞调查、抓典型。许多典型经验和调查材料,经闻天挑选、修改,送《合江日报》发表。从 1947 年 4 月起,闻天还亲自编辑一份内部刊物《合江工作通讯》,发现和宣传群众的新创造,指导全省工作。除了桦川土改的经验以外,吴亮平、陈伯村领导的东安地区的经验,汤原县团结中农、勃利县公开建党、富锦县兴建水利工程的经验,都受到表扬,得到推广。完成土改后,闻天还树立了一批组织互助合作、开展大生产的典型,兴办农村供销合作社、搞好农村商业工作的典型等,影响与带动全省工作向前发展。

1948 年 5 月,闻天奉调到东北局工作,从此我们告别了合江人民。在合江的两年工作,虽然艰苦但很有成效。闻天执行了党中央与东北局的方针、政策,又对自己的工作实践进行理论概括,在某些方面充实和丰富了党中央和东北局的方针、政策。闻天同合江军民干群一起,完成了把合江建设成为巩固的战略后方的任务。他的心情是舒畅的。此后,每当回顾这一段历程,我们都感到莫大的欣慰。

1949 年 3 月间,我从沈阳到北平参加全国第一次妇女代表大会。会刚开完,闻天来了。他是在西柏坡出席了七届二中全会后来北平的。这时,解放军就要打过长江去,解放全中国,我们为之奋斗了二十多年的新中国就要诞生了。在这胜利的时刻,我们在这里见面,感到特别兴奋。决心回东北去,为贯彻七届二中全会决议,为建设新中国而奋斗。

我们返回沈阳后不久,东北局作出了调整行政区划的决定,把抗战胜

利后国民政府设置的东北九省,改为六省五市。闻天从东北财经委员会副主任调任辽东省委书记,我被任命为省委常委兼组织部部长。这样,我们就在4月下旬来到了鸭绿江畔的辽东省省会安东市。

从1949年5月1日辽东建省,到第二年2月离开,闻天在辽东担任省委书记十个月。这十个月,是辽东贯彻落实七届二中全会决议的十个月,是领导辽东人民以经济建设为中心,战胜困难,发展生产,改善人民生活的十个月。我们与辽东人民一起度过的时间虽然不长,但却留下了愉快的、难忘的记忆。

闻天和我到安东市后,在镇江山(现锦江山)下的一座小楼住下。1949年5月9日,省委正式成立,很快调整、建立了组织机构,配备了干部,使这个新建省的工作迅速步入正轨。闻天感到,这个地区以前各方面的工作是有成绩的,问题在于整个工作未能随着东北全境解放这一新形

1948年4月,刘英陪同张闻天到鹤岗市视察工作。这是他们同在那里的东北电影制片厂文艺工作者合影。左起:张闻天、吴印咸、陈波儿、刘英、袁牧之

张闻天、刘英和儿子虹生在沈阳住所门前

势向前发展，及时实现工作中心的全面转变。这也正是贯彻党的七届二中全会决议所要解决的问题。

经过一番准备以后,闻天于6月2日至12日主持召开了全省县团级以上干部大会。他结合辽东实际,传达了七届二中全会决议和东北局关于全东北解放后的形势与任务决议的精神。闻天针对干部的思想,详细分析说明:经济建设,特别是工业建设,已经成为目前全党压倒一切的中心任务,辽东工作要实现全面转变,把工作中心由农村转到城市,并使城市工作和农村工作,使工人和农民,使工业和农业密切联系起来。会议在肯定过去工作成绩的前提下,着重从思想上检讨了忽视城市工作、忽视工人工作、忽视工业、忽视对工厂企业和供销合作社的领导等问题,深入讨论了辽东全省如何实现工作中心转变的问题。会后,闻天团结省委一班人,进行了扎实具体的工作。

1949年5月张闻天赴安东(今丹东)任中共辽东省委书记。这是他同刘英、虹生离开沈阳前的留影

张闻天、刘英同在安东工作的同志在一起。左起：张闻天、刘子载、徐达深、吴仲廉、邓力群、刘英、王楷、边章五

在城市工作中，闻天亲自指导安东市实现工作中心的转变。

安东市自1947年6月第二次解放后，工作是有成绩的。但是，市委过去长期把工作重点放在街道，面向贫民，忽视了依靠工人群众和争取知识分子，忽视了头等重要的经济建设任务。6月全省干部会议以后，闻天直接指导安东市委总结经验，研究工作。市委一班人认识到，该市1949年工作计划确定以街道建政为全年中心任务，照旧把多数老干部集中在区委、区政府，只派了三个女同志去工厂做一般的联络工作，说明整个城市工作的方针基本上没有转变。他们于7月3日向省委作出书面报告，确定市委今后的工作以领导生产建设为中心任务，特别注意加强工业生

产及财政、经济、金融、贸易的领导,贯彻"依靠工人阶级发展生产"的总方针,把工作重点由街道转向工厂企业部门。各部门工作均围绕着这个总方针进行全面转变。还具体规定造纸、纺织、胶皮、丝织、机械、金属精炼等六家大工厂归市委直接领导,市委成员分工掌握各工厂工作,保证和监督工作任务的完成。

闻天对安东市委的报告很重视,立即把这个报告以《安东市工作的转变》为题刊登在7月出版的《辽东通讯》第一期上,指导和推动全省工作。他还亲自和安东市委书记吕其恩同志一起深入安东造纸厂指导工作,同时选派市委组织部副部长谢荒田同志到造纸厂担任党总支书记。省委准备作出一些决策,先在这里试点,取得经验,然后作出决定,全面推开。

在安东市的带动下,辽东省的通化、辽阳、营口、西安等城市也都结合各自的实际情况,实现了工作中心的转变。

为了领导好辽东全省的财政经济工作,1949年6月省委成立了财经会议(后改称辽东省财经委员会),闻天亲自担任主任,省政府主席刘澜波同志任副主任。财经会议成立后,于7月9日作出了在国营工厂开展检查浪费运动的决定。

在辽东省的工矿企业中,国营企业和公营企业(后来称为地方国营企业)占有极大的优势。拿安东市的工业来说,国营、公营资本约占94.5%,私资仅占5.2%。闻天从这一基本事实出发,指出:在发展工业中,发展国营、公营是最重要的,是基本的。但是,国营企业中存在着严重的浪费和普遍的管理不善,影响了劳动生产率的提高。怎么解决这个问题呢?闻天决定以反浪费为突破口。并确定在安东造纸厂等五个国营工厂先行开展,然后向全省推开。

经过二十多天的检查,工人们提出了上千条意见,检查出许多触目惊心的浪费现象。闻天及时进行了总结,引导大家透过现象去找出造成严重浪费的原因,提出改进的措施。他在总结报告中深刻地指出:许多严重浪费现象的根源来自主观因素。一些工厂领导人,对于由农村转向城市、由战争转向和平建设的历史新时期提出的新要求,认识不足。他们不注意研究业务,不去研究如何提高工人的生产积极性和提高劳动生产率,而满足于简单的、一揽子的、农村手工业式的方式,或者依靠过去一些粗浅的知识和技术,来领导复杂的、现代社会化生产的工厂。他们只求完成任务,不管质量,不计成本。这种供给制的实报实销的领导,是造成严重浪费的主要原因之一。除了指导思想上的问题以外,再一个重要原因是管理混乱。一些必要的规章制度没有建立,有些规章制度又很不合理,分工不清,责任不明,有人包办,无人负责。闻天要求迅速改变那种"面多加水,水多加面"的领导方法,把供给制的陈旧管理变成经济核算的科学管理。

根据闻天总结报告的精神,省委作出决定,把检查浪费运动向全省推开,要求同反对官僚主义,反对贪污腐败,发扬民主,提高工作效率等任务结合起来。这个运动取得了显著的效果。东北局把辽东省委和安东市委关于检查生产中浪费的总结报告转发给东北各地,指出"这是一个重要经验,抓住了公营企业建立经济核算的首要环节,给今后企业化的工作打下了基础"。

接着,根据闻天的提议,省委又及时领导开展了创造新纪录运动。从采纳合理化建议和奖励创造发明入手,解决生产上的各种问题。建立起一种新的分工、协作关系。在闻天的指导下,安东造纸厂在创造新纪录运动中率先建立了"技术定额管理制度"。此后,又逐步建立和完善了与之配套的统计工作制度、质量检查制度、工资制度、超产奖励制度、节约制度以及成本核算制度等一系列管理制度。随着创造新纪录运动在辽东全省的展开,辽东国营工厂初步建立起了以技术定额管理制度为中心的一系列配套的相应制度,为全面推行经济核算、实行工厂企业化奠定了坚实的

基础。

闻天在领导发展辽东国营企业的实践中,不断进行理论概括,提出不少带有规律性的原则意见。他指明:生产、生活与教育,是工厂企业工作中的三件大事。其中生产是主要的,基本的。要使一切工作以生产为中心,把生产搞好。生活的改善是发展生产的结果,要把提高劳动生产率同改善职工生活紧密相连,在发展生产的同时改善生活,使工人从得到的物质利益中体验到发展生产的好处。教育是为了提高工人的素质,提高工人的生产积极性。他又指明:管理、技术、劳动,是生产中的三大问题。解决这些问题的目的是为了提高劳动生产率。其中"技术是发展经济建设的主要条件"。他还强调,为了发展生产,必须发扬和依靠一切劳动人民的积极性,这就向领导者提出了"面向群众、发扬民主"的任务。他说,民主不应是形式的,而必须是有内容的。发展生产应该是发展民主的中心内容。他主张:把厂长负责制和管理民主化结合起来。

闻天的这些意见,当年在指导辽东搞好国营企业中取得了良好的效果。我想,对现在搞好国营大中型企业也还有一定的参考价值吧。

私人资本在辽东经济中的比例不大。在安东市,私资经营的工厂雇佣工人一百人以上的只有一家,五十人以上的一家,二十人以上的九家。但闻天仍然十分重视正确对待私人资本主义工商业的问题。他认为,在当时的历史条件下,私营工业和手工业在工业方面还有相当大的加工生产能力;在商业方面,在营业中的私商还略占优势。估计在今后一个时期里,私人工商业还会逐渐得到发展。而辽东省各地自1948年秋冬纠偏防右以后,在发展私人资本主义上存在着若干带有盲目性的"左"的思想和作风,在处理公私关系、劳资关系、执行税收政策等方面发生了一些"左"的偏差,其思想根源主要是对私人资本主义在东北经济中的必要性与重要性认识不足,党内"'左'比右要好"的思想也还或多或少存在。

为了纠正这些"左"的思想和作风,闻天在6月全省县团以上干部会议上作结论时,根据七届二中全会决议和中央给东北局关于对待私人资本主义问题上纠"左"的指示电,深刻地阐述了发展私人资本主义的重要性和必要性,以及我们应该采取的正确的政策。会后,他一方面立即采取措施纠"左",全面贯彻中央"公私兼顾,劳资两利"的方针;一方面对东北私人资本主义发展的历史、现状和我党的政策进行深入的研究。

7、8月间,闻天接连为省委起草了《关于调整城市劳资关系的决定》和《关于贯彻"公私兼顾"方针的若干决定》。前一个决定列举了劳资关系中六种不正常的现象,指出仅对工人一方有利或对资方一方有利都是不对的,应该本着劳资双方都有利的原则,解决劳资纠纷。要对干部反复教育,正确认识发展私人资本主义对工人阶级的眼前利益和长远利益是一致的、有利的,及时克服工人运动中片面强调工人利益的"左"倾思想的残余。文件还作出了增减工资须由劳资双方订立个别的或同行业集体的劳动合同协议等调整劳资关系的十项具体规定。后一个决定列举了在处理公私关系上存在的八种不正常现象,作出了在继续加强国营经济及合作经济的领导力量的总方针下促进私人资本主义正常发展的八项决定。要求在干部中解释私人资本主义的正常发展对于促进国民经济的发展,提高社会生产力,满足人民的物质需要,增加社会就业,都是有利的,应该采取积极扶持的态度。国营经济应集中力量于主要生产部门,给私人资本的发展腾出一定的地盘,吸收私人资本投入生产事业。

在贯彻这两个决定的过程中,安东市委在闻天的指导下,又把订立劳资集体合同作为系统解决劳资纠纷、调整劳资关系的一种最好办法,在造纸行业中首先试行,取得很好的效果。在9月召开的安东市党代会上,闻天在报告中指出:必须想尽一切办法去发展有益于国计民生的私人资本主义的企业。在发展私人资本中,要反对"左"的与右的偏向。既要反对对私资的过高要求及把私资限得过死,又不能使私资无限制地发展,无限制地剥削。"公私兼顾、劳资两利"的方针必须坚持。为了保护私营企业中工人

利益及发挥私人资本的积极性,订立劳资的集体合同的办法应贯彻下去。

与此同时,闻天于1949年7月给东北局写了《关于东北私人资本主义的报告》。这篇报告起因是为答复个别同志不符合事实的责难,但实际上写作时,他并没有局限于此,而是对这一问题作了系统的历史总结与理论探讨。

在这个长篇报告中,闻天对1945年"八一五"解放后东北私人资本主义的发展过程作了历史地具体地分析,对三年多来党对私人资本主义政策的指导方针和实际工作作了扼要的回顾和中肯的评价,并对当前应该采取的政策提出了自己的意见。闻天认为,今后发展东北私人资本主义的方向与办法问题,必须从东北经济建设的全局着眼加以根本解决。私人资本主义要得到健全与正常的发展,必须循着新民主主义经济所铺设的轨道走去。他设想,在国家经济建设计划中给私人资本指定一定的活动地盘,在原料与市场方面给以一定的照顾,并在税收政策、价格政策、劳动政策、运输政策、借贷政策等方面给以一定的有利条件,逐步引导它循着我们所需要的方向发展,使之成为新民主主义经济体系中的一个附属的有机部分。

在今天的现实生活中,怎样利用私人资本主义经济来建设社会主义,怎样在新的形势下处理公有和私有的关系,做到公私兼顾、各得其所的问题,重新提到了我们面前。我觉得,闻天在辽东期间对发展私人资本主义实践尝试的经验和理论思考的成果,或许可以对今天探讨和解决这个问题提供借鉴。

闻天到辽东后没有几天,就深入农村进行调查。在调查研究土改后农村经济发生的种种新变化、新情况的基础上,对当时党内有争议的、农村工作中带有方向性的新问题,及时地阐明自己的看法,提出政策建议。从他5月17日、22日、23日接连给东北局并报毛泽东同志的三份电报,可以看出他对农村问题的关注。

闻天分析了土改后农村经济的几种新趋向:农村阶级分化已经开始;农业人口向城市工矿业的转移;土地的所有和使用有更趋于合理的新的调整。他认为,对于这些新的趋向应有正确的认识。应该看到,这些趋势是农村生产力与社会生产力要求向上发展的各种不同的表现。既不要粗心大意,熟视无睹,也不要过分夸大阶级分化的危险而表现恐慌,或采取不必要的行政手段加以限制。我们在农村中经济政策的基本方针应该是继续发展供销合作与劳动互助,进一步提高农村生产力。在具体政策方面,闻天提出:凡有利于土地的合理使用,凡有利于工矿业、副业的发展,即凡有利于社会分业的发展的租佃关系及买卖、移居,我们不应反对。

对于新富农的出现应该怎么看?高岗害怕新富农的出现引起阶级的分化,在1949年春即主持制定东北局文件,对土地出租、土地买卖、租佃、雇工、借贷等规定了种种限制,以行政手段进行干预。闻天坚决抵制了这种"左"的错误。他明确指出,新富农的产生是土改后农民个体经济发展的必然现象,是社会生产力向上发展的必然结果,对于发展农村生产力有一定的进步作用。所以,我们党不能不容许少数新富农的产生与其在某种程度内的发展。对新富农,我们不应反对,也不用害怕。租佃、雇佣、典押、买卖,在政府规定的条件下,都是允许的。但闻天同时又指出,新富农的道路和合作化的道路,是农民发财致富的两条道路。只有经过合作化的道路才能使大多数农村发财致富。应该向农村的共产党员指明,新富农的道路同共产党员是不相容的,农村党员应该坚决为合作化的方向而奋斗。

闻天看到,农业人口向工业、矿业转移,农民除了农业生产以外经营副业,这是生产力向上发展的进步的表现。针对辽东干部、群众对于发展副业的模糊认识,闻天深入实际调查研究,在掌握宽甸、桓仁、营口、海龙、凤城等县大量典型材料的基础上指出,副业生产至少占农村总产量的20%,在农村生产力中占有一个很重要的地位。它在改善农民生活上作用极大,是农民生活上升的一个主要因素,应大力发展。他还指出,辽东

有着良好的自然条件,可以进行种类很多的副业生产,如养鸡、养猪、放蚕、跑运输、淘金、打围、烧炭、编席子、芡子、筐子、织草包等,都有很大的发展前途。闻天还从农村剩余劳动力的出路,从整个社会分工的发展这样的高度,指出它的发展方向。他说:副业,对于一部分人是可以变成专业的。副业是农村分工分业的开始,将来会有专门养鸡、养猪、养蜂、淘金、运输等等新的行业出现。

辽东省委根据闻天关于重视副业的指示精神作出决定,在秋收后,把动员群众搞副业生产作为冬季农村工作的中心,并指出,目前发展副业生产的关键是组织副业产品的推销。只有积极寻找市场,帮助农民以较优厚的价格推销副业产品,才能使副业生产顺利发展。为此,制定了有利于副业发展的价格政策、负担政策、农贷政策、奖励政策,打通国营商业、供销合作社、私商、农民自营四条渠道,开拓和扩大了市场。那一年由于发展了副业生产,辽东农民的生活得到了相当的改善。特别是营口、庄河等重灾县,依靠副业生产救灾度荒,不仅温饱不成问题,不少农民还添置了新棉衣,被称为历史上的奇迹。

对于农村的劳动互助,闻天也不赞成高岗的任意提高的过急做法。他调查分析了海城、庄河、宽甸、新宾、临江、通化等十个县的材料,归纳了现有的劳动互助的七种形式。认为小型的(二三户)、临时性的、季节性的、亲朋好友间的插犋换工的劳动互助组,适合当前生产工具原始落后、生产力水平低下的状况,是能为农民接受的组织起来的初级形态,应该作为一个相当时期内主要的普遍的形式。在目前生产力水平上,高级互助组是不应该也不可能普遍推行的。如果违背农民意愿,急于提高,强制推行,就会妨害生产,挫伤农民的生产积极性。就会形成工作人员下乡农民就"组织起来",工作人员一走他们就"自愿两离",这种强迫命令的集体化,结果必然是垮台、失败。闻天说得好:"我们需要的是稳步的前进,不要一阵风,卷上去了,又跌下来。"

在农村创办供销合作社是一个新事物。它在流通领域架起一座国营经济领导小商品经济的桥梁，引导千千万万小生产者跟随无产阶级和共产党前进。闻天在合江，在东北局，就已积极推动这个事业。到辽东后，在 6 月召开的干部会上，他即对发展供销合作社特别加以强调。他指出：供销合作是今天促进农村生产的发展与准备农村合作化的中心环节，今后使农村走向合作化的道路是先供销合作然后生产合作。

在对辽东已有的供销合作事业进行改造和巩固，建立了统一的领导机构省总社和县联社以后，闻天主持召开了辽东省第一次合作代表大会，于 1949 年 8 月 1 日作出《关于合作工作几个问题的决定》。这是一个关于供销合作社的比较完整的文件。《决定》明确供销合作社的任务是扶助社员发展生产。合作社应在为群众服务的方针下，实行经济核算，适当积累资金，并在一定程度上满足社员分红的要求。关于"分红"，文件规定：村社每三个月结账一次，如有盈余，应按下列比例分配之：公积金 25%，公益金 5%，职员奖励金 5%，余者按股分红。

关于供销社应有赢利，其赢利应按股分红，是闻天坚持的一项重要政策。这在党的高层领导中是有不同意见的。在东北局财委时，闻天就在邓力群同志（财委办公室副主任）协助下，依据吉林省汪清县供销合作社等的经验，起草了关于供销合作社的决议和章程，明确规定了按股分红。对此，包括高岗在内的东北局都是同意的。可是，在得知少奇同志反对赢利分红后，高岗突然转变态度，批评赢利分红。反对赢利分红的种种观点集中反映在一篇《东北日报》社论的草稿中。为了辨明是非，闻天让邓力群起草了《关于农村供销合作社赢利分红等问题的意见》，详细地说明自己的看法，于 1949 年 4 月 24 日报送东北局。而在辽东的实践，进一步证明用赢利的一部分按股分红的政策，确实"是使合作社把农民的（也是工人的）共同利益与农民的个体利益结合起来的具体方法之一，因而也是使合作社很好发展起来的具体方法之一"。因此，闻天对这项具体政策

的正确性充满信心。

1949年9月5日,东北局常委会再次讨论供销合作社问题,会上就赢利分红问题发生激烈的争论。闻天坚持从群众实践和调查研究中得到的正确认识,认为供销社要有利润。他指出,供销社在收购和销售方面为国家服务,应得到报酬。这种赢利,同私人资本家的剥削有根本区别。没有利润在原则上是说不通的。他还坚持,供销社的赢利要分红。并明确表示:在中央、东北局未决定取消之前,还照辽东省委决定执行。

在闻天和省委的正确领导下,辽东供销社实行赢利分红的办法,得到积极而又稳步的发展。供销社在满足群众供、销需求方面实实在在地解决问题,有力地促进了农业和副业生产,确实提高了农村生产力。同时,社员从赢利分红中得到实惠,生活得到改善,供销社在群众中威信很高,越办越红火。

闻天在担任东北局组织部长、为东北局起草的《全东北解放后的形势与任务》决议中,就已指出:没有人民代表会议制这种新国家的政权形式,我们就不能巩固新的人民的统治,并实现党对人民大众的有力的领导。提出党应积极领导人民群众建立这种制度,实行人民民主,密切同群众的联系,同政府机关中的官僚主义作斗争。1949年7月中央催促各地城市应从速召开各界人民代表会议,老解放区应召开乡、县、省及全区域的人民代表大会或人民代表会议。闻天立即在辽东贯彻执行,把建立人民代表会议制确定为8月以后全省工作的重点之一。要求各市须在9月份召开第一次人民代表会议,在冬季由村到区、由县到省逐级召开人民代表大会和人民代表会议。闻天以安东县为试点,指导该县县委书记于镜清开好一个村的人民代表大会和一个区的人民代表大会,写出两篇总结经验教训的通讯,经闻天亲自修改后在《辽东大众》上发表。闻天还指导省委宣传部何方同志编写了《群众路线讲座》和《人民代表会讲座》,在《辽东大众》上连载。省委办公室对三十多个县、市有关人代会问题的答复、指示,几乎都经过闻天审阅、批改和签发。

对于怎样开好各级人民代表会议,闻天反复强调两点。一点是充分发扬民主。基于民主集中制的人民代表大会制是一种新型的国家形式,是否发扬民主是会议开得好或坏的关键,必须切实避免人代会及其选举的形式主义。再一点是要解决经济工作中的实际问题。闻天在为省委起草的文件中对各级人代会分别作了明确的规定。各市人代会讨论今后任务应以"如何反对浪费、厉行节约"及"如何发展私人工商业、调整劳资关系"两问题为中心;县人代会的主要内容应是发扬民主,讨论副业生产和供销合作社中所要解决的主要问题;村人代会必须紧紧地抓住发展副业生产,联系发扬民主、转变作风这个中心,解决当前的实际问题。

政治上民主,经济上务实,闻天在人民政权初建阶段,的确是抓住了这两个关键的环子。

闻天认为,组织干部学习是提高干部队伍的重要一环。他到哪里,总是把那里的干部学习亲自抓起来。

闻天到辽东后不过两个月,就成立了省级机关学校,把省委、省政府、省军区、安东市委、市政府以及省市各直属机关的所有干部三千七百多人都组织起来,根据干部的文化水平、理论水平和工作经验分编为三个大班,按规定正常学习。

他把能看懂理论书籍的县团以上的老干部一百五十多人编入研究班,亲自担任班长,指定读《马恩列斯论社会主义》等十二本书。每天读书两小时,每星期三下午全班讨论。全班讨论时,闻天总是结合着实际问题,对基本理论作深入浅出的讲解,大家都很有兴趣。具有高中文化水平和一定工作经验的新干部及文化、理论水平较低的县团级干部,编入政治班,学习《社会发展简史》、《政治经济学》普及本等。文化程度较低的干部和一般工勤人员,编入文化班,按照程度分编为甲、乙、丙三组,学习国文、常识、算术三门文化课,每晚上课两小时。

在闻天的倡导和组织下,辽东全省干部围绕经济建设,学理论,学政治,学文化,蔚然成风。到 1949 年 12 月,全省共办机关学校三十七处,学员将近一万九千人,各级干部的水平都得到不同程度的提高。多少年以后,当时参加研究班的老同志同我谈起来,对这一段学习很怀念,感到受益不浅,说自己的一点理论根底,就是在那时打下的。

闻天经常教育干部,工作中光讲道理不行,还要有典型,使人知道应该怎样做,农村工作更应如此。他在辽东工作期间,发现和扶持了各种典型。前面已经说过,在城市工作中,他亲自抓了安东造纸厂,在那里通过试点,创造经验,指导全局。在农村工作方面,安东县是他手中主要的典型。

闻天看到安东县委书记于镜清写的一篇稿子,介绍一位村干部带头干的事迹,立即找于镜清问,情况了解得非常仔细。他表扬于镜清做得对,说农民就是要看"好样子",做工作就是要抓典型。1949 年 5 月春耕中,于镜清写了一篇文章《从村里检查县区的领导》,反映报表太多等问题。闻天看后觉得反映了普遍存在而应该及时纠正的问题。文章在《辽东大众》上刊登后,省委为解决这个问题作了决定。决定和文章又在报纸的头版头条位置重新登了一次。

通过报纸和刊物来树立典型,宣传典型,是闻天的一个重要领导方法。他经常把城乡经济建设中的先进经验、典型人物、典型事例推荐给《辽东大众》发表,还不时亲自撰写社论、编者按语。审阅《辽东大众》的大样是闻天每天必做的"功课"。省委的日常领导大体经过报纸来进行。在 1949 年冬季,领导发展副业生产的过程中,闻天发现了营口县重灾区黑英台村的事迹。这个村在共产党员张德福带领下,发展副业,生产自救,生活水平远远超过了伪满时代。他高兴地在调查报告上批道:"黑英台村虽然连遭三年自然灾害,但是由于发展了副业,特别是掀起了冬季副业生产高潮,因此农民生活上升,买进牲口,买进一百多匹布,家家换上了新棉衣。"闻天把这篇调查报告交给《辽东大众》发表,还亲自写了编者按语。

闻天心里总是牵挂着各地的工作。每天傍晚散步,碰到干部,总要问一问情况。平时也经常抽空往下面跑。有一个星期天,他对我说,到大东沟去,看看于镜清。我们就坐上船,顺着鸭绿江,来到安东县委所在地大东沟。对我们的到来,于镜清一点也没有思想准备。他正在那里看肖洛霍夫的小说《被开垦的处女地》,有点不好意思。闻天鼓励他说:这样的小说应该看,你将来就是组织农民走社会主义道路的人嘛!

闻天在 1942 年至 1943 年进行陕北、晋西北调查后,对做基层和地方的实际工作产生了很大的兴趣,觉得这些工作是最接近群众的。所以,无

1950 年 2 月 13 日,张闻天(左一)、刘英(左七)离开安东到北京从事外交工作。这是他们向欢送同志告别的情景

论在合江也好,在辽东也好,他是全身心地投入工作的。他觉得在东北从事地方工作的这几年,是他一生中最愉快的日子。由于工作需要,中央于1950年1月19日宣布任命张闻天为中华人民共和国出席联合国的首席代表。在离开辽东之前,闻天在2月3日辽东省第一次人民代表会议上作了长篇讲话。他赞扬各条战线上的英雄模范,一连讲了二十几个典型人物的先进事迹,娓娓道来,如数家珍。经过十个月的工作,他已经和辽东九百万人民合为一体!闻天动情地说:"过去的无名英雄,现在应该是有名的英雄了。因为现在是劳动人民的时代啊!这些最平凡的人物,就是真正的英雄,就是历史的创造者!"作为对闻天的回应,全场顿时响起雷鸣般的掌声,持续了好几分钟。我身临其境,至今历历如在目前。我想,对于一个真正的共产主义者来说,和人民群众血肉相连,心心相印,得到群众的信任、拥护,就是最大的欣慰,最高的奖赏。

十、在驻苏使馆

　　张闻天担任驻苏联大使,始自 1951 年 4 月,迄于 1955 年 1 月,总共将近四年时间。那时新中国成立不久,我国外交还处在开创时期。我国执行"一边倒"方针,同苏联的友好合作在我国的国际关系中占有特殊的重要地位。闻天以中央政治局委员的资历出任驻苏大使,在当时是颇受各方注目的。

　　在闻天出使苏联期间,我一直和他朝夕相处。对外我以大使夫人的身份活动;对内我是参赞和使馆特委副书记(闻天兼任特委书记),在使馆党的工作方面协助闻天。

　　中央要闻天出使苏联,是 1951 年 2 月的事。一年以前,闻天被任命为我国驻联合国的首席代表。由于美国的阻挠,我国在联合国的合法席位未能恢复。朝鲜战争爆发和美国武装侵略台湾以后,我国席位的恢复在相当时期内更无可能。中央考虑,要让原来准备去联合国的同志担负更急需的工作。此时恰逢王稼祥同志要求辞去驻苏大使职务已获中央批准。周恩来总理建议闻天担任驻苏大使,或到准备组建的国际活动指导委员会工作。闻天考虑,既然做外交工作,就要到使馆第一线去。这事就这样定下来了。

　　中央选择闻天担任驻苏大使,我觉得是有道理的。闻天早年就对国际问题有兴趣,担任中央领导工作期间更是为了中国革命事业的需要而密切关注世界风云的变化。他代中央起草的许多文件都有对国际形势的准确概括。延安整风之后,闻天卸去了原在理论宣传部门的领导职务,主

1950 年 3 月,张闻天、刘英和虹生在中南海颐年堂住所

1951年4月,张闻天、刘英和虹生在北京景山后街甲1号住所

持中央政治材料室工作。我们住在枣园,与毛主席、恩来同志等为邻。闻天利用当时能够得到的有限材料,研究国际形势。在他主编的党内刊物《参考资料》上用"记者"名义写了一系列文章,评述当时的国际大事。后来在东北做地方工作时,他对国际问题的关心仍未中辍。他当时亲笔所做国际问题大事记有幸保存至今。他早年曾去日本和美国考察留学,后来又在苏联学习五年,不仅英文、俄文能够运用自如,而且对国外生活特别是苏联情况十分了解。他到莫斯科担任大使,确实具备不少有利条件。

闻天的新职确定以后,履任手续办理得相当顺利。3月12日,驻苏使馆临时代办曾涌泉会见苏联副外长佐林,按国际惯例就闻天的任职征求苏方意见。五天后,佐林代表苏联政府通知曾涌泉表示同意。3月21日,正式发布了中央人民政府任命闻天为驻苏大使的消息。4月6日,周恩来总理批准闻天任外交部分党委驻欧特派代表,领导我国驻欧洲各国使馆党的工作。4月13日,我们一行十人就乘飞机离京了。聂荣臻代总长、中央办公厅主任杨尚昆,还有中央人民政府典礼局长余心清,团中央书记冯文彬,以及外交部、公安部、文化部的许多同志都来机场话别,苏联驻华大使罗申夫妇等也来送行。那天飞机在伊尔库茨克停留,次日又在鄂木斯克过夜,15日到达莫斯科。佐林和莫斯科市苏维埃主席雅斯诺夫、莫斯科城防司令辛尼洛夫中将等人以及东欧各国使节和印度使馆人员都到机场迎接。以色列当时还未同我国建交,它的使馆人员也赶来欢迎。

这样,我们又来到了阔别多年的莫斯科。闻天初到莫斯科是1925年。他先后在莫斯科中山大学和红色教授学院学习。1931年2月,他和尚昆同志一路,从莫斯科经绥芬河、哈尔滨、大连回到上海。我则有两段在莫斯科生活的经历。从1929年春到1932年冬,我先后在莫斯科的中国共产主义劳动大学和国际无线电学校学习近四年。1937年11月,我又和贺子珍、蔡树藩、钟赤兵等同志到苏联治病,直到1939年春回国。这

1951 年在驻苏使馆工作期间的张闻天和刘英

次再到莫斯科,闻天是整整二十年后故地重游,距我最后一次离开莫斯科也有十二年之久了。这十至二十年间,中国发生了天翻地覆的变化。我们当年都是二十来岁的年轻共产党员,受党的派遣,到莫斯科学习革命道理,渴望着学好本领回国参加炽热的革命斗争。如今革命胜利,新中国昂然屹立于世界东方,闻天作为新中国的使节,代表着伟大的国家、伟大的人民重新踏上这座他所熟悉的城市。我以前在莫斯科学习和治病时,尽管对革命充满必胜的信心,也绝没有想到若干年后会以新中国驻苏大使夫人的身份重返这里。我们来到莫斯科,既是踏上新的征途,又是凯旋故地,虽不像许多初到莫斯科的年轻同志那样欢欣雀跃溢于言表,内心也是感奋不已的。

闻天一到莫斯科,就立即投入我们完全陌生的实际外交工作。

到莫斯科的第二天,闻天就去拜访佐林,商谈递交国书事宜。第三天,我们在使馆内将递交国书的仪式演习了一番。转入外交战线,这是我们初次上阵,大家不敢有丝毫懈怠。闻天带着所有参加递交国书仪式的人员将各自的举动和站立位置认真操练了一遍。我虽不必参加递交国书,也在一旁欣赏了这次预演。

4月18日,即我们到达莫斯科后的第四天,闻天就递交国书了。苏联外交部礼宾司长库拉任科夫乘苏联最高苏维埃主席团主席什维尔尼克的专车前来使馆将闻天接往克里姆林宫,由什维尔尼克接受国书。使节到达驻在国首都后这样快就被安排递交国书,确是对中国使节的特殊礼遇,当然这更表明当时中苏两国的关系非同一般。

除了作为国家使节持有毛泽东主席签署的国书,闻天还作为中国共产党的代表,持有刘少奇以中共中央秘书长名义写给苏共中央书记马林科夫的介绍信。这封信也交给苏联方面了。

递交国书以后,闻天便开始作为大使进行活动。首先是进行了一连串的到任拜会,接着又照顾以林老(伯渠)为首的中苏友协参加苏联"五一"

节观礼的代表团,为他们举行饯别酒会。但是,在这段时间里,闻天着重解决的还是使馆如何进行工作的问题,使馆的方针任务和内部建设问题。

　　闻天广泛地了解了使馆的工作现状和干部的思想情绪。当时使馆建立已经一年半。在王稼祥首任大使的领导下,使馆在机构、人员方面已经搭起了架子,同志们初步熟悉了使馆的生活环境,对使馆工作中的一般礼节活动、交际宴请和文书事务已经能够应付,也就是说,使馆工作已经有了一定基础。但是,使馆除了外交技术性事务性的工作以外还应做些什么,大家并不清楚。使馆又远离祖国,感受不到国内政治生活的蓬勃朝气。加以一些同志不懂俄语,同周围的苏联社会无法沟通。这样,不少同志就感到使馆生活寂寞无聊,苦闷孤独,甚至觉得是被流放在"孤岛"上。

1951年7月1日,中国驻苏使馆举行中国共产党成立30周年纪念会。图为出席纪念会的部分同志。左起:罗元铮、曾涌泉、陈昌浩、张闻天、林伯渠、刘英、朱敏、徐佩如

有些爱发牢骚的同志还说,大使馆、大使馆,就是"大使"的公"馆",当大使可以在这里休息养病。或者说,使馆有四个人就够了,因为四人便可凑一桌麻将。

闻天了解到这些情况以后,觉得要做好使馆工作,首先要解决同志们对使馆工作的认识问题,而对使馆工作的认识又是同对驻在国的认识相联系的。5月4日,闻天召开了全体人员大会。这正好是我们到莫斯科以后的第二十天。闻天对使馆过去的工作成绩和问题做了说明,宣布了今后使馆的工作任务和方针。会后,又召开了民主生活会,让大家对工作充分发表看法。在这些会上,闻天根据中央关于加强同苏联团结友好的方针,强调应该以尊重苏联、加强中苏友好的精神进行对苏联的外交活动,批评了轻视苏联的成就和经验、只看苏联的缺点、对苏联的作用估计不足等思想情绪。他指出,随着中苏两国经济、文化关系的发展,使馆不是无事可做,而是工作会日益增加。驻苏使馆处于世界政治中心之一的莫斯科,加强对苏联的研究并向国内做及时的与正确的反映和报道,就更为重要。要完成这些任务,使馆的同志们必须加强学习。闻天就这样批评了那种认为在使馆无事可干的"孤岛"思想。

驻苏使馆的工作初步整顿之后,闻天就受中央和外交部的委托,以外交部分党委驻欧特派代表的身份,到东欧六国巡视我国驻这些国家使馆的工作。1951年7月25日出发,依次到波兰、民主德国、捷克斯洛伐克、匈牙利、罗马尼亚、保加利亚,9月15日回到莫斯科,前后历时五十天。这次巡视,我也参加了。同行的还有李汇川。行前由外交部通知了这些使馆,让他们向驻在国通报闻天的简历(特别介绍他是党中央政治局委员),说明他将作为我国大使的客人来驻在国。我们每到一处,吃住都在使馆,同使馆同志们朝夕相处,同使馆的领导干部充分交换看法。那时一个使馆不过二十来个人,我们每处都要住个把星期,了解是相当深入的。

我国驻东欧六国的使节,是1950年7月至10月陆续派出的,到闻天巡视时已经工作了一年左右。这些使节原来都是我军高级将领,在革命战争年代南征北战,出生入死,为中国人民的解放事业建立了丰功伟绩。他们对党和人民无限忠诚,具有坚定的无产阶级立场和坚强的组织性纪律性。他们中不少同志有较高的文化素养,有些同志在解放前曾参加过军调部等工作,有过同外国人打交道的经验。党中央调集这些同志,让他们率领年轻一些的同志(包括一些参加革命不久的年轻知识分子)组成新中国外交战线第一支驻外机构队伍,是完全正确的。

但是,这些同志毕竟是第一次干外交。尽管中央对于使馆的工作方针和任务有过原则指示,大家也都赞成,但是遇到某些具体问题却似乎又忘了这些指示。闻天根据他的实地观察,觉得这些使馆共同性的问题主要是两个,即贯彻执行对社会主义国家团结友好的方针问题和明确使馆的工作任务问题。这也正是他在驻苏使馆感觉到的问题。他在每个使馆都向全体同志作了报告,阐述了他的看法。

本来,我国驻东欧各国使馆陆续派出前,外交部都曾交代过任务。除执行代表国家的职责、宣传我国成就外,也强调驻外使馆要了解驻在国情况。但是,使馆建立伊始,大家的注意力首先集中于那些为外交代表机构生存和活动所必需的礼节性、事务性的外交业务,即在同驻在国各级机构及其官员打交道、发展来往中的请客吃饭、送礼应酬等等。使馆同志们从未接触外交,首先要学会交往礼仪,这是完全可以理解的。但是,不少同志不自觉地误以为这就是外交工作的全部,因此或者只是忙于请客应酬,或者觉得外交没有意思,这就不对了。闻天认为,外交干部应该学会外交技术业务,但是不能"仅仅在外交技术业务上打圈子"。特别是经过一年的工作,使馆已经初步学会了礼节性、事务性的外交业务,作为使馆生存之所必需的条件业已具备,就应该将使馆工作提高一步,"把使馆今后工作的重心,转向于研究与报道驻在国的内部情况及其国际关系(国际问题包括在内)"。应该提高使馆工作的政治水平,并且在工作中提高干部

的政治、思想水平。

对苏联和人民民主国家(社会主义国家)团结友好,是"一边倒"方针所决定的。驻东欧各国使馆身处第一线,当然要把团结友好方针落到实处。这一点,大家在理论上都赞成,实际上也做了不少工作。但是,当我们的同志在驻在国看到一些不尽如人意的现象或我们不习惯的事物时,便会流露出一些情绪,用我们的标准来衡量他人,或以己之长比人之短,而对人之所长则视若无睹。闻天对这种情绪十分警惕。他一路巡视,愈到后来愈感觉问题的严重性。他觉得,这种对于驻在国的轻视和不尊重,这种带有若干狭隘民族主义和非国际主义色彩的表现,虽然还只是零碎的、片断的、直觉的、盲目的,但却是危险的,应该迅速克服。他在使馆反复对此进行分析,要求大家在实际工作中真正贯彻国际主义精神,以便能够同驻在国人民团结友爱,珍视他们的奋斗历史,关心他们的成就创造,学习和研究驻在国的情况,吸取他们社会主义建设的经验教训。

闻天回到莫斯科后的第三天,即向外交部写了巡视东欧六国使馆情况的四千字报告,其中着重写了他对上述两个问题的看法。外交部十分重视这一报告,将它发给驻苏联东欧使馆,作为对他们今后工作的"补充指示",并且就此给他们写了专门指示,要求"切实克服对驻在国在各种问题上的狭隘民族主义的看法",并把使馆工作中心"逐渐转向研究与报道驻在国内部情况及其国际关系"。这份文件经周总理和少奇同志审阅,毛主席最后批示:"这个文件看过,很好,照发。"

闻天的巡视和外交部的上述指示推动了驻东欧各国使馆的工作。许多使馆加强了对驻在国情况调查研究工作的领导,设立了机构,配备了干部,干部中的不健康情绪得到克服,工作积极性大为提高,使馆工作走上了目标明确的轨道。使馆许多同志对此都有体会。当时的驻匈牙利大使黄镇同志生前曾说,闻天的巡视帮助明确了应该往什么方向努力。耿飚同志当时任驻瑞典大使,他后来在纪念闻天的文章中也提到闻天的巡视报告"有力地推动了使馆工作"。

闻天在东欧巡视中提出的使馆方针问题和工作任务问题,也就是他在驻苏使馆初步整顿中所强调并在四年大使任内始终紧抓不放的问题。他主持起草的《驻苏联大使馆一九五一年工作总结报告》(一九五二年二月十五日)对这两个问题作了比东欧巡视报告更进一步的发挥。从对驻在国团结友好的方针和研究报道驻在国情况的任务出发,这两个文件还对使馆如何正确代表我国的国家立场、使馆内部的组织机构和组织工作、党的工作、学习和外交干部的培养等问题,提出了十分重要的见解。

闻天对于驻外使馆工作的这些纲领性意见,以及他在驻苏使馆的实践和对东欧的巡视,不仅使苏联东欧使馆的工作登上了新台阶,而且对整个驻外使馆的建设也起了十分重要的推动作用。当然,从闻天担任驻苏大使到现在的四十多年中,国际形势发生了深刻变化,我国同苏联(及其解体后的国家)东欧国家的关系经历了复杂、曲折的发展,对于这些国家的看法在不同时期也有许多明显的变化。但是,如果按照历史主义的观点,从当时的历史条件出发,便会觉得闻天确实抓住了使馆工作的主要矛盾。至于闻天对于使馆基本任务和内部组织机构等所做的规定,更是一直沿用至今,虽有不少充实发展,基本框架并未改变。对于当时处于草创阶段、工作尚无定规的我国驻外使馆建设,闻天是作出了独特贡献的。

1952年外交部召开第一次使节会议,闻天因故未能回国出席,我代表驻苏使馆参加。曾涌泉同志即将出任驻波兰大使,也参加了这次会议。他在驻苏使馆建馆初期即任使馆首席参赞,对闻天到任后强调对苏联团结友好、批评"孤岛"思想、狠抓调研和学习、健全内部组织和制度等一系列做法极表赞成。他在使节会议上发言着重讲了这一问题。四十年后,他在纪念闻天的文章中再次赞扬闻天这一段工作,并且称闻天是周恩来同志领导下"外交工作的杰出改进者和领导者"。他的评价是有分寸的。

闻天担任驻苏大使的几年,正值中苏友好合作关系全面发展的时期。两

国在政治上相互配合和支持,在经济、文化领域中密切合作,交往频繁。当时两国友好合作中最重要的两件大事大概要算在解决朝鲜问题、印支问题上的战略配合和苏联对我国的第一个五年计划提供援助了。这样的大事当然是以毛主席为首的党中央直接掌握的,不仅所有重大问题都由中央决策,就连同苏联方面的谈判、磋商不少也由周总理出面。但是,闻天作为驻苏大使,处于同苏联接触的第一线,也在不同程度上参与了这些大事,尽了自己的努力。

闻天就任驻苏大使不久,恰逢美国因在朝鲜战场上遭受打击而公开表示希望大体沿三八线停火,并且通过各种渠道希望苏联从中斡旋。中央研究了局势,派高岗、师哲陪同金日成秘密访问苏联,同斯大林协商。闻天没有参加这次协商,但是同高岗、师哲保持密切联系,在他们从(1952年)6月11日到17日停留莫斯科的一周内,几乎每天或隔一天就同他们见面,向他们提供关于朝鲜战争的报刊消息,并为他们代发给毛主席的电报。同时,闻天让驻苏使馆刚刚建立的研究室收集美、英、苏各方活动情况和舆论,写成调研报告,预测美国所追求的是单纯的停火,并且采取由军人谈判的形式,以避免涉及承认中国等政治问题。这一报告于6月20日报送外交部,受到周总理重视。他指示这类报告应以电报发回,不能等信使递送。

1952年8月17日至9月22日,周总理率政府代表团访苏。一项重要任务就是同斯大林磋商朝鲜停战方案。会谈结果,在朝鲜和战前途、战俘问题的处理方案,以及苏联向中国提供军事贷款等问题上取得了一致看法。闻天作为代表团成员,参加了代表团的所有重要活动:同斯大林多次会谈,参加斯大林同秘密访苏的彭德怀、金日成、朴宪永的会见,同苏联政府代表团三次会谈,出席斯大林的宴会和苏联方面的重要礼宾活动。闻天还为周总理的访问举行了招待会。

1953年3月5日,斯大林逝世。闻天当时在国内述职,立即随同周总理到莫斯科参加斯大林葬礼。就在这次丧葬活动期间,苏联新领导人向中国方面建议在战俘问题上求得妥协,以便实现朝鲜停战。周总理回国后中央反复考虑,同意了这一建议。

1954年解决朝鲜问题和印支问题的日内瓦会议召开,周总理率中国代表团参加,掌握这项重大斗争。闻天作为代表之一参加了会议的工作。日内瓦会议召开前夕,周总理于4月1日至12日秘密访问苏联,同苏联领导人共同分析形势,协调两国立场。闻天参加了周总理同赫鲁晓夫、莫洛托夫、马林科夫、苏斯洛夫等人的全部会谈。日内瓦会议期间,闻天参加了中苏两国首席代表周总理和莫洛托夫之间的几乎所有磋商。作为总理的助手,闻天还陪同他参加了会议以及同其他国家代表的一系列会谈和礼宾活动。在周总理离开日内瓦期间, 还有几天他偕同李克农同志主持代表团的对

1954年,张闻天与周恩来

外活动。日内瓦会议结束后,又随同周总理访问了民主德国、波兰和苏联。

顺便说一句,除了参加中苏在国际斗争中协调立场的上述一系列谈判外,闻天还受中央和外交部委托主持了一些外交谈判活动。例如,中国同南斯拉夫建交,就是由南斯拉夫驻苏联大使维迪奇在 1954 年 10 月 13 日向闻天提出,经中央 10 月 10 日授权,由闻天出面谈判并达成协议的。又如,在 1954 年 8 月西德加入北约后,苏联于同年 11 月 13 日建议召开欧洲国家会议,讨论保障欧洲和平和安全问题,邀请中国政府派观察员出席。苏联副外长葛罗米柯为此于 11 月 13 日、18 日、22 日三次会见闻天,进行磋商。11 月 29 日会议开幕,闻天受命代表中国政府与会并发了言。

在苏联对我国编制第一个五年计划和发展国民经济提供援助以及与此相关的两国经贸事务方面,闻天参与的程度更深些,所起的作用也更大些。

闻天就任驻苏大使时,中苏经贸合作关系已很密切。1950 年商定的苏联援建的五十个项目正在陆续实施,向苏方延聘专家、委托设计、订购设备等业务已全面展开,我国商谈这些业务的人员云集莫斯科。1952 年初,中央开始编制第一个五年计划。同年 8 月周总理、陈云同志率团访问莫斯科,除商谈朝鲜停战谈判问题外,着重听取了斯大林对我国编制"一五"计划的意见。前面已经说到,闻天是代表团成员之一,参加了全部会谈。周总理、陈云同志回国后,李富春同志率团继续谈判,到 1953 年 5 月 15 日同苏方签订协定,双方商定将苏联援建项目增至一百四十一项。1954 年 10 月,又增至一百五十六项。所有这些项目当然由国内各工业部门、厂矿企业协同外贸部门组织落实,但是驻苏使馆对于各部门派来莫斯科商谈业务的人员实行统一管理和政治领导。闻天为此加强了商务参赞处的力量,请外贸部长叶季壮同志派李强同志来领导商参处,并另增配四名商务参赞。他还建议各工业部门派出重要的技术负责干部作为总订货人代表,参加商参处工作。闻天自己则听取各订货小组同苏方谈判情况的汇报,解决他们提出的问题。有重大情况和问题,他亲自向毛主席、周总理写报告。闻天还过问国内派出的商务代表团的谈判。他曾领衔与李富春、叶季壮、李强、江明同志联名致函毛主席、周总理等，就如何答复苏方所提 1953 年中苏易货总货单提出了处理意见。

值得一提的是，闻天不仅处理了中苏经贸谈判中的大量事务，还根据在现场了解到的情况，结合我国实际进行分析研究，提出过一系列受到中央重视的建议。

1952 年 1 月 16 日，闻天向党中央和毛主席写信，就我国的工业化方针问题提出建议。当时第一个五年计划刚刚开始编制，如何实现工业化尚在酝酿之中。闻天研究了苏联经验，又研究了国内送去的各种资料，在信中提出了自己的看法。归纳起来，他的意见第一是要利用最新科技成果，优先发展重工业，"把我国工业化的基础放在现代化重工业之最新的科学技术的成就的水准之上"；第二是把自力更生同充分依靠与信任苏联的援助密切结合，在轻工业工厂的建设和日用机器、工具方面尽量自己设计、自己生产，在我国力所不及的领域则依靠苏联的援助。闻天在外援中只提苏联援助，当然是当时西方对我国实行封锁、禁运的现实所决定的；第三是工业化有把握以较快的速度实行，但要根据新中国的现有条件"稳步前进"，否则是"一种急性病"。2 月 8 日，周总理亲笔草拟复电说："你所提的实现中国工业化的方针及许多具体意见都是很好的，我们正在为此方向努力。"毛主席、少奇、朱德、陈云同志圈阅认可了周总理的复电。

闻天还针对两国经贸交往的实际工作中的问题提过一些改进建议。1952 年 1 月 24 日，闻天致电周总理反映，"商务代表团的许多请示都得不到答复，有些问题要再三催促才得到指示"。闻天认为，同驻在国的交涉问题迟迟不得答复，不但影响工作及时进行，而且对驻在国也是欠缺礼貌的表现。他提出，"请示报告制度如果不同答复请示制度相结合，则还是片面的，对工作仍然不利"。同年 1 月 25 日，闻天又致电周总理并毛主

刘英自述

席反映,苏方认为我们在商务谈判中多变,以及对我们在委托设计和订购成套设备时要这样不要那样有意见。闻天希望对此加以改进。周总理1月28日对这两份电报复电说:"电中基本意见都是对的",同时指出,"惟工业设计与贸易订货中间的情况尚有某些出入,已请陈云同志邀集有关部门同志研究后给你具体答复"。后来中财委党组干事会2月18日专门开会,讨论了闻天的两份电报和1月16日来信。陈云、一波、富春同志向中央报告,"同意闻天同志的基本精神",并且规定了十二项办法,"以改进工作中的缺点"。

1953年9月,闻天检查商参处的工作,要求注意研究和解决工作中带全局性的重大问题。根据闻天的意见,商参处的总订货人和一些负责同志总结委托苏联设计、成套设备订货和聘请苏联专家等方面的工作,分别写出材料。闻天认为,这些材料"对国内有关部门也有用处",因此陆续报送计委并报中央和主席。1953年11月2日报送的《关于委托苏联设计中的一些问题与意见》反映,委托苏联设计的项目往往事先缺少研究,提出后又变动。有的变更厂址,有的增加生产能力,有的矿因储量不够没有开采价值而取消,1953年5月15日协定签订前委托设计的项目八十七个,竟有三十七个提出后又取消。在委托设计时提交的原始资料常有不准确、数据自相矛盾、翻译错误以至字迹不清、装订马虎以及不能按时提交等问题。苏方设计交付我方后,我方又常以不能按合同要求的期限批准,以致影响下步设计。在此以前,闻天还就实习生问题写过一信,主张将重点企业的领导干部成龙配套地派往苏联实习,以便实习完毕回国后即能承担企业管理任务。1954年1月5日,闻天又致电计委并报周总理和毛主席,反映我方未能按规定于1953年底前将苏联援建的二十八个国防企业和三十九个其他企业的设计任务书提交苏方或答复苏方询问,希望对此加以催促,以免影响这些项目的设计、设备交付和建设,甚至影响五年计划的完成。这些总结和建议,都如实反映了我们工作中的一些问题,对于改进工作是有益的。

闻天关心苏联援建项目的落实,关心国内的经济建设,反映了他对经济工作重要性的认识。早在东北工作时期,闻天就提出,在东北全境解放和土改完成以后,"必须把经济建设的任务放在压倒一切的地位"。为此,他曾着力研究经济建设方针和一系列政策,为东北局起草了《关于东北经济构成及经济建设基本方针的提纲》,得到中央肯定。他还曾希望完成驻苏大使任务后转入经济战线,直接为经济建设这一中心任务出力,并曾向中央表示过这种愿望。但是1953年夏他在国内述职时,陈云同志告诉他中央不同意调动他的工作,要他仍留在外交战线。他也就服从中央决定,并且在大使岗位上继续关心国内经济建设。在中央直接掌握中苏关系包括经贸关系中的大事的情况下,闻天仍努力多做工作,尽了作为驻苏大使应尽的责任。至于他在办理同苏方交往的事务中不满足于等因奉此,而是积极揭问题,提建议,这就更是他办事认真到今天也许会被人讥为"书生气"的一贯风格了。

闻天作为驻苏大使,其职责范围内的工作十分繁杂。按他自己归纳,使馆的主要任务有五项:代表国家发展和巩固中苏友好合作;与苏联外交部和其他部门进行交涉、商谈、谈判,拟定各科条约或议定书的草案并在被授予特别全权时签订此类条约或议定书;系统研究苏联的内政外交及其经验,及时向本国政府反映和报道;管理侨民与留学生;统一对本国派来的各种代表团的政治领导。由于当时中苏关系密切,这五个方面的任务都是极其繁重的。

前面我已简略地介绍了闻天在中苏配合进行国际斗争和实行经贸合作方面所做的工作。其实就工作量而言,其他方面的任务还更重些。使馆代表国家处于同苏联接触的第一线,两国之间的事务除在北京通过苏联驻华使馆交涉外,都由我驻苏使馆办理。现在已很难说得清那几年我们究竟处理了多少案子,也很难说得清由闻天出面向苏方递交和接受苏

方递交的文件究竟有多少,由闻天签署的外交文书又有多少。至于我们究竟举办或参加了多少次礼宾活动和社交活动,就更难算得清楚。那几年派往苏联的留学生、研究生和工厂企业派往苏联对口单位实习的管理干部、技术干部总数超过二万人。到苏联参观、访问、开会、进行业务交往、治病、疗养的代表团、党政干部、民主人士以及路过苏联的各类人士,何只成百上千。闻天对于这些人员当然不可能全部亲自照顾,但是重大问题都要过问。他在所有这些方面所做的大量工作,不可能也没有必要在此逐一罗列。我只想讲讲闻天在处理这些事务时怎样从政治上考虑问题和怎样掌握政策的。闻天反复强调,不应满足于"使馆工作的技术方面",而应"力求提高使馆工作的政治水平"。我想讲讲闻天自己是怎样做的。

我先讲留学生管理工作,这方面的工作我参加得多些。闻天在这方面抓的是政治领导。他针对留学生中存在的对苏联看不惯、对自己的专业或学校不满等思想问题,要求留学生同苏联人民友好,安心学习,使自己真正通晓专业。他还强调要遵守纪律。这些问题正是留学生能否圆满完成学习任务的关键。当时有个别高级干部和民主人士的子弟违犯了纪律,留学生中反应强烈,使馆留学生管理处对如何处理有些不同意见。有的同志觉得出国一趟不容易,有些姑息迁就。闻天得知后表示,坚决按国内规定的纪律执行,谁违犯纪律就把谁送回国,不管是谁的儿子。这件事处理得公正,有原则,不折不扣地执行政策和纪律,影响很好。

闻天在任期间,上级交办或国内其他部门委托代办的对苏交涉事项很多,他一般都尽其所能地积极完成。但是,他在办理这些事务时,总要研究实际情况,遇有某些交涉他觉得不宜办理时,他就如实向国内反映。1953年11月,中央致电闻天,要他就我国拟与苏方合拍"完全适合我国农民实际需要和理解能力"的"全面介绍苏联集体农场的过去与现在"的纪录片一事征询苏联政府意见。闻天根据他对苏联的了解,觉得这件事难向苏方提出,因为摄制这样的影片事实上很难办到。12月他复电中央解释说,这样的影片如由我方提编制意见交苏方摄制,苏方未必同意。如由苏方提编制意见,则因他们不完全了解中国农民的实际需要和理解能力而难于编好,难于使我方满意。如由双方协商,则双方不一致之处势必要相互迁就,结果也难于完全合于我方需要。因此,闻天建议这一请求以不提为好。闻天对上级交办他认为不宜办理的事项采取这种实事求是的提出不同意见的态度,正是他作为身处第一线、了解驻在国情况的驻外使节正确执行上级指示、对上级负责的表现。当然,闻天向上级所作的建议,并不是所有的都被采纳,也不是所有的都没有欠妥之处。遇到这种情况,闻天总是坚决执行上级决定,并且认真考虑自己的问题。

对于国内派往苏联的各种代表团,闻天常常亲自或让使馆的同志向

1951年中国艺术家在苏联访问时,张闻天大使同夫人刘英在莫斯科柴可夫斯基音乐厅观看演出

他们介绍苏联情况,交代注意事项,解决他们提出的各种政策问题和实际问题。对于他们提出的政治上敏感的问题,闻天的掌握是比较稳的。1954年夏,我和闻天正在瑞士参加日内瓦会议。使馆同志来电话说,总政歌舞团在苏联演出,准备将《斯大林颂》和《东方红》作为第一个节目。苏联方面对唱《斯大林颂》表示异议,歌舞团内部对应否演唱有不同意见,向使馆请示如何处理。闻天当即表示不要唱。他的考虑是,斯大林去世后,苏联已经出现反对个人迷信的苗头,对斯大林的做法已有很大改变,宣传上强调党中央的集体领导,而不再把斯大林作为位于党中央之上的领袖。如果演唱《斯大林颂》,特别是如果以《斯大林颂》作为开始曲,显得与苏联的方针不协调,这在当时中苏友好合作的气氛下并不相宜,何况苏联方面已经对此正式表示异议。如果不唱《斯大林颂》,一开头唱《东方红》也不好。但是,歌舞团的一些同志没有想通这一点。我们回到莫斯科后,闻天向他们解释,我也参加,还是没有能说服他们。由于牵涉到《东方红》,问题就更棘手些。然而闻天还是从政治上考虑,坚持自己的意见。他自己动手,给国内写了电报,建议以两国军歌代替《斯大林颂》和《东方红》,作为演出的开始曲。这个建议被采纳了。后来我们回到国内,闻天和我一起去见毛主席(闻天每次回国都去见他),向他报告了这件事。毛主席称赞闻天处理得对,还说,他就不愿听《东方红》。

加强对驻在国的调查研究并向国内反映和报道,是闻天强调的提高使馆工作的政治水平的重要方面。他到任不久,即设置了研究室。这是我国驻外使馆设置的第一个研究室。在他的提倡和领导下,驻苏使馆的调研工作循着两条路子进行,都取得不少成绩。

一条路子是使馆人人做调研,在哪个岗位工作,就在哪个岗位做调研。一方面是研究、总结本身工作中带规律性的问题,借以提高认识,改进工作。另一方面是研究苏联相应工作的情况和经验,写出调研报告。使

1951年，中国电影代表团访问苏联。这是张闻天（前排左三）与中苏艺术家们的合影。前排左二为代表团团长于伶，前排右三为刘英

馆各单位写了不少材料，受到国内有关部门欢迎。

与此同时，使馆的研究室集中了从事调研工作的专业干部。一部分同志负责研究苏联外交。当时中苏关系友好，塔斯社将世界各大通讯社电讯稿的油印俄译本也送闻天一份，每天都有一大包，研究室的同志择其要者译出，供使馆同志们阅读。他们还就苏联外交和国际形势中的重大问题不定期写出调研报告。另一部分同志研究苏联国内问题。主要是从苏联报道材料中捕捉信息，也通过同各方面的接触了解情况。

闻天对调研工作抓得很紧。他自己看材料很多，同苏联各方面人士和莫斯科的外交团有广泛接触，加以他在政治上很敏锐，所以常有新的观察和判断，也就常给下面的同志出题目，谈看法。对下面同志所写调研报

告,他一般都要动手修改审定。有时他干脆自己写。例如,1952年6月他自写电文给外交部并周总理和中央,提出苏联调外交部第一副部长葛罗米柯为驻英大使,资产阶级各国舆论推测很多,主要的为:苏拟以此进一步扩大英美矛盾。关于英美矛盾的不断增长,苏联报纸近来亦特别强调,值得注意。有意思的是,时隔三十六年,葛罗米柯在他的回忆录里披露,当时斯大林向他交代说:"在战后的国际事务中,英国也能够起不小的作用。但富有经验和工于心计的英国外交将朝哪个方向发展还不完全清楚。"斯大林的用意,果然是要把握英国的外交动向并加以利用,闻天提请中央注意的正是这一点。

闻天还对苏联经济文化建设的基本情况作过研究。为了研究苏联农业,他系统地研究了十月革命后各个时期关于农业的决定、农业组织章程等材料。为了研究苏联教育制度,他甚至把苏联中学的历史、地理、逻辑、生物、文学史等十余门课本浏览了一遍。顺便说一句,闻天做调查研究,除把广泛阅读报刊材料作为信息来源外,也很留意图书。他每隔一段时间就要亲自出动,要一些同志和他一起去书店买书。有时步行到使馆附近的书店,有时则到铁匠桥一带,那里书店比较集中。所购多数是新书,也有旧书,不论新书旧书他都要浏览一遍。这些书后来积了好多纸箱,闻天离任时怕行李超重,事先分几次托一些访苏代表团带回,是尚昆同志替他暂时保管,我们回国后才拉回家的。

当然,闻天着重抓的还是动向调研。这里我想讲一下使馆对于斯大林逝世后苏联国内政治动向的调查研究。斯大林逝世后,苏联新领导开始逐渐纠正对斯大林的个人崇拜,批评对斯大林的过分宣传,以及斯大林的某些理论观点和某些实践。这种批评开始是不指名的,也是零散的。但是闻天敏锐地感觉到了这一动向,使馆一些同志也有了程度不同的觉察。闻天常同他们分析情况,交流看法。在闻天的启发下,使馆同志写出了一大批调研报告,从不同侧面、不同角度反映这一动向。这些报告受到党中央的重视。现在我得知,毛主席就亲自做过两次批示。一次批示说,《苏联宣传中对斯大林提法的改变》、《苏联宣传工作中的几个问题》、《苏联共产党反对宣传工作中的教条主义》三文"都是重要文件,宜作为内部文件,印发给在京及在各地的中委、候补中委,在京的某些应当阅读的同志(如李维汉、安子文)"。另一次批示说,《苏联纠正反世界主义斗争中的某些偏向》一文"值得一看,请少奇同志考虑是否转发地委以上各级党委。陈云、彭真、李富春、陈伯达、田家英诸同志阅,并留待刘少奇、周恩来、邓小平、朱、彭、董诸同志阅后,退江青"。显然,闻天领导下的这项调研工作确实向中央反映了苏联的重要动向,使使馆发挥了作为中央耳目的作用。1959年庐山会议以后,这些调研报告被翻了出来,当成了闻天的"罪证"。诚然,闻天是不赞成个人迷信的。但是说闻天领导驻苏使馆的同志们写这些调研报告是借以向毛主席施加压力,实在是无稽之谈。

在1953年和1954年两年时间内,驻苏使馆报送国内的各种调研报告达一百十八篇。对于人数并不算多的使馆来说,这个数字是相当可观的了。

在抓紧调研工作的同时,闻天对干部的学习也抓得很紧。这两者是相辅相成的。理论学习、时事政策学习、外交业务知识学习(如国际法)、文化学习、外语学习,安排得十分紧凑。同志们根据本身条件,分别参加一项或数项。水平高些的同志担任辅导。闻天也参加,跟大家一起讨论,甚至听辅导课。

紧张的日常工作,紧张的调研任务,紧张的学习。使馆的生活是紧张而有秩序的。大家得到了锻炼,提高了政治业务水平,心情是愉快的。

讲作为大使的闻天,如果只讲业绩,不讲作风,那还是不能描绘出闻天之所以成为闻天的。

闻天待人处事,总是从容不迫。讲话很少慷慨激昂,倒是娓娓而谈,用平稳的语调把复杂的问题讲得清清楚楚。他有很高的马克思主义理论

修养,阅历甚广,对西方文化熟悉。与不同专长的人士谈话,都能应付自如。在外交场合,他的言谈举止真正做到了不卑不亢。在一般的社交活动中,他用俄语或英语直接交谈。有些友好团体举行的晚会之类,他也用俄语致词。现在我们的高级外交官直接使用外语已经不是什么新鲜事了,但是在建国初期还是不多见的。

闻天在工作上总是不断向下面同志提要求,要大家不满足于完成日常任务,而是要研究和解决工作中带普遍性、规律性的问题,不断提高工作中的思想性,也不断提高自己的政治业务水平。就这一点说,他对下面同志是严格的。但是他又是随和而宽厚的。使馆的同志们吃住在一起。我和他晚饭后在院子里散步,他总是见到谁就叫住谁,一起走走,聊聊。同志们有事,也愿意随便同他讲几句。他饭后也常跟同志们打打乒乓球。他的球艺不高,偶尔赢球,他也兴高采烈。使馆的周末舞会,他必定参加。他的音乐感觉很好,跳舞时仿佛全身心融入了音乐。我不大跳舞,多半只在舞池边欣赏,也同跳累了的同志们闲聊聊。

闻天对下面同志的批评表扬,一般结合工作检查,寓于经验教训的总结之中。平时他是不轻易表扬的。有时某件事令他满意,他只是淡淡地说:"不错嘛!"下面同志也就受到鼓舞了。他对使馆的主要领导干部要求严格,但稍有所批评,也总是通过总结工作,平心静气地分析情况,提出改进意见,而很少用大嗓门说话。他尤其不会发脾气。有一次,英国驻莫斯科大使请客,我和闻天赴宴。才走进门厅,在场的一位苏联外交官悄悄地提醒闻天说:"今天的招待会没有邀请夫人。"我赶紧退场。原来是我们管礼宾的同志看错了请帖。这差错太明显了,用不着多说什么,闻天只是让办公室的领导同志提醒当事人注意。还有一次,正值闻天同南斯拉夫驻苏联大使谈判中南两国建交期间,经使馆主管礼宾工作的同志安排,闻天去参加南斯拉夫驻苏大使的国庆宴会。插着国旗的轿车驶入南斯拉夫使馆的院子,却不见有宴会活动的迹象。闻天感到气氛不对,让司机立即驶回。一查问，又是管礼宾的同志看错了日期。闻天当然生气，但是他只说了一句："你要好好检查！"闻天不像首长，倒像学者，似乎生来就不会声色俱厉的。

闻天对使馆各部门的工作抓的是方针性的问题。他提出方针，规定任务，然后定期检查、总结。商参处、留学生管理处、武官处、领事部、研究室等，逐一开会检查。平日工作则放手让各部门自己做。他在会上发言如用提纲，必由自己准备。向上级的报告凡他署名者，多是他自己的手笔。他参加讨论保障欧洲和平和安全的欧洲国家会议的情况电报，别的同志代拟的稿子写了好几页。他自己动手，写了不到一页纸，要言不烦，一看就清楚会议的要害和关键何在。

1954年，张闻天和刘英到苏联列宁格勒看望中国留学生时同何方（左二）、宋以敏（右二）及鄢仪贞（右一）合影

闻天生活俭朴,自持严格,公私分明。外交人员代表国家,参加涉外活动不能过于寒酸,但是决不能摆"穷阔气",内部工作尤其不能铺张浪费。闻天就任大使后,就建议降低使馆人员的工资。那时大家都能接受这一点,很少人思想上有什么不痛快。他还倡议使馆同志也交纳房租,因为使馆实行工资制,而不是国内普遍实行的供给制。其实那时大家住得很挤。使馆除商参处外,办公和住宿都集中在克鲁泡特金巷 13 号的小院里。这里原是国民党的使馆,我们接收了。两座小楼,大些的一座,楼上办公,每个办公室都挤得满满的。曾涌泉、戈宝权、张观几位参赞也住在楼上。楼下是会客室、宴会厅、厨房和餐厅。闻天和我也住在楼下,占了两间,里屋是卧室,外屋用作办公。比起后来我们许多驻外大使的官邸来,这两间房子真是够寒碜的,但是我们觉得已经是使馆里最受优待的了。使馆其他同志统统挤在另一栋楼里,连楼梯拐角的一点空隙也塞了一位年轻同志。后来使馆人员增加,才又租了克鲁泡特金巷 7 号的一栋小楼作为办公地点,但是闻天和我仍住原来的两间。闻天到外地出差,除火车(飞机)票外,其他按规定可以报销的费用他往往不要公家负担。1954 年 8 月,闻天和我去列宁格勒看望留学生和筹办领事馆。闻天觉得我们只是附带完成这些任务,主要目的是参观,所以包括乘火车、住旅馆在内的一切费用全部自理。在闻天的影响下,同行的三位同志也自己掏了腰包。这在今天也许会被一些人视为迂腐,其实闻天是真正地实行反腐倡廉。

闻天担任大使的四年,在我们共和国的历史上只占短暂的一页。在活跃于当时新中国外交舞台上的几十名大使中,闻天只是普通一员。论任期的长短或出使国家的多寡,闻天不如其他许多同志。但是,闻天担任大使的几年,正是现代历史上一个十分重要的时刻。新中国成立后中苏两大社会主义国家的团结友好合作,是二次大战后影响国际形势发展方向的头等重要的历史事件之一。闻天在驻苏大使的岗位上,置身于这一重大历史事件的中心,推动事件的积极发展,完成了加强中苏友好合作的战略性历史使命。作为中央的好参谋、外交第一线的优秀指挥员,以及使馆内部建设带有开创性的设计者,他所做的工作都有其特殊的价值。从这个意义上说,他又可算是一位不寻常的大使,一位首先是在不寻常时刻担负不寻常任务的大使,同时也是不寻常地完成了任务的大使。

今天,我国外交取得了新的辉煌成就,开创了远非 50 年代所比拟的局面。但是,闻天当年为之奋斗的历史性任务及其完成情况,仍是今天外交不可割断的历史,他的许多基本做法至今仍有现实意义。闻天生前是不愿他人宣扬他的业绩的。但是,他所担负的历史任务及其完成情况却应该留传下来,作为后人的借鉴。现在距那时已有四十多年,那段历史的当事者有的已经作古,健在的多数也已进入暮年。我就我记忆所及,将当时一些情况记录下来,留作历史的见证,我想这是我对历史应尽的义务。

十一、庐山会议以后

　　1959年8月16日庐山会议结束,8月18日闻天从庐山下来。他在山上惹了大祸,7月21日一篇讲话,换来两顶帽子:右倾机会主义分子和彭、黄、张、周反党集团成员。

　　我刚从北戴河回到北京,心情非常沉重。庐山开会前,闻天从国外回来不久。4月下旬,他参加了华沙条约缔约国和中华人民共和国外长会议,会后又进行了访问,一路风尘,还没顾上好好休息。中央通知:是否上山,由闻天同志自己决定。闻天当时是政治局候补委员,外交部常务副部长,他很关心国内问题。与陈毅同志商量,陈毅说他留外交部看家,要闻天同志去开会,在会上可以谈谈外交部使节务虚会上的总结发言,那个发言已送给了毛主席。毛主席在庐山会议初期有指示,意思是很可以一看,并且作为参考材料印发了。

　　闻天回到北京,我责怪他做外交工作,经济问题不应发言。他却平静地说:"后悔就不对了,后悔又有什么用呢? 事情都已经发生了。"晚上散步的时候,身边工作的同志也为庐山发言惹祸惋惜。闻天讲了一番哲学上偶然性与必然性的关系,说不上山也可能不发这个言,但那是偶然性;有意见要讲,则是必然。他还用了韩愈的话"物不得其平则鸣"。他还对我们说:"脑袋里装了那么多东西,心里有那么多话,能够不说吗? 我是共产党员,应该讲真话!"

　　我无言以对,我也是共产党员。

1955年,张闻天与毛泽东

　　闻天告诉我,他在华东组小组会上作了长篇发言,分析了大跃进和人民公社化运动中的缺点及其严重后果,一是指标太高,求成太急,比例失

调,造成很大损失;二是共产风,一平二调,使农民生产积极性不高;三是强迫命令,虚报浮夸,造成的损失相当大,影响党的威信;四是下放过多,体制紊乱,分散主义严重。闻天问我:"你看我讲的哪点不是实情?"

闻天讲的确实都是实情,他是作了调查研究,并在实际工作中早就有意见的。

1958年4月,我陪闻天到上海、杭州做调查,那是批了"反冒进"以后,闻天觉察到,形式主义、浮夸虚报已经冒了头了。

北戴河会议以后,外交部也搞炉子炼钢了,闻天叫停下来:原料没有,煤炭没有,硬要炼,不是白贴钱吗?对机关搞人民公社(个别部党组书记还持枪在大门口站岗四小时),他在党组会上公开说是胡来,赶浪头,浪费人力、物力。

1958年10月我们去东北调查,闻天看着土高炉的遍地火光,批评盲目上山、大炼钢铁是得不偿失的蛮干。

1959年3月我们一起调查了广西、广东,还到了海南岛,这时"共产风"的恶果已经显露出来,云南、海南岛都发出了饿死人的警报!

闻天又跟我说到,庐山那篇讲话,谈思想方法和民主作风的一些话可能尖锐一些,但他认为这个问题非解决不可,不然难免斯大林晚年的错误。我听了觉得这事最犯忌了,他却说:"封建社会都提倡犯颜直谏,共产党员还能怕这怕那吗?如果大家都不讲,万马齐喑,会出现什么局面呢?在党的会议上,有什么想法,都允许讲嘛。"

然而,现实是严酷的。谁都知道,"右倾机会主义"和"反党集团"这两顶帽子有多么沉。接踵而来的,是外事系统火力凶猛的批判斗争。主题完全离开了庐山发言的是非,而是翻历史老账,追根本不存在的"军事俱乐部"和"里通外国"。一盆盆污水随意泼到闻天身上,而且要追逼交代。闻天对此非常伤心。他回来跟我说:"说别的什么,那是观点不同,说我'里通外国'真是冤枉!"我从来没见过他流过眼泪,这时他却止不住淌眼泪。

1959年3月，刘英陪同张闻天在广西的南宁、桂林和广东的湛江、海南岛、广州等地进行了20天的考察，了解"大跃进"和人民公社化运动的真实情况。图为张闻天与刘英在广西

在精神与肉体双重折磨之下，已是花甲之年的闻天血压猛增，前列腺肥大症加剧了，尿中毒威胁着他的生命，他的身体实在支撑不住了，被送进了医院……

后来，我读到了闻天庐山讲话的稿本，所谓比较尖锐的话中有这么一段：

讲一下党内民主作风问题。主席常说，要敢于提不同意见。要舍得一身剐，不怕杀头，等等。这是对的。但是，光要求不怕杀头还不行。人总是怕杀头的，被国民党杀头不要紧，被共产党杀头还要遗臭万年。所以，问题的另一面是要领导上造成一种空气、环境，使得

1955年8月,刘英和张闻天在北戴河海滨

下面敢于发表不同意见,形成生动活泼、能够自由交换意见的局面。

我有时会想,主席当年要是听了许多同志的忠言直谏,我们的党、我们的国家或许可以避免后来的劫难,他老人家也不至于有晚年的悲剧吧!

所谓"城门失火,殃及池鱼",张闻天闯"祸",作为他的妻子,我也挨整、挨斗。从1954年底起,我担任外交部部长助理、人事司长、部党组成员、监委书记。这时我也成了外事系统批判的靶子。火力很猛,集中攻闻天"里通外国",要我揭发。这本来是无中生有的事,我有什么好说。这样,就从态度顽固进而说我右倾。抓住一点,不及其余,上纲上线越来越高。后来竟说我猖狂攻击毛主席,做结论要定我"右倾机会主义分子",开除我的党籍。说我攻击毛主席,还真讲得有鼻子有眼,不明底里的人很容易信以为真。

1957年，刘英与张闻天在昆明

事情是这样的,1954年毛主席自己第一次提出要退居二线,中央组织党内讨论。我在驻苏使馆讨论时发言表示同意。讲理由时说到:毛主席身体不大好,看到生人会发抖,精神不能太紧张,退居二线专心研究重大问题,领航掌舵,对党有好处,对他本人的身体也好。这次批判时就翻出来,说我造谣污蔑,攻击毛主席。

其实我说的是大实话。那是1949年3月间,我从东北到北平参加全国第一次妇代会。会议结束时,党中央刚从西柏坡迁到北平。我去看望毛主席,他和中央其他领导人都还没有进城,住在香山。我从1945年10月离开延安以后,同毛主席已经三年多没有见面了。毛主席情绪很高,江青拿出油果子等招待,谈得很知己。毛主席当着江青的面说江青不安分,认为我这棵大树遮了她的荫了。我对江青说,照顾好主席很重要,你的任务别人代替不了啊!问到毛主席的身体,江青说他别的没什么,就是见了生人会发抖。我一下没有听明白,说今天见到我不是挺好吗!毛主席接过话头笑着说,你是老朋友,又不是生人。

在群众性的批判、斗争场合,我很难把这事的原委讲清楚。但真要是据此定罪,把我的党籍开除了,我可无法接受。我想,这事只有找毛主席才能挽救,所以我最后决心打破一切顾虑,于1960年3月25日给毛主席写信。信一开头说:"敬爱的毛主席:我是多么想找您谈谈,但您是那样忙,管的事情是那么多,那么重要,我为个人的事就不能像过去一样随便去看您,去打扰您。但我想您是很关心同志的,您一定不会拒绝我给您写信吧。"接着我说到现在的处境,表示:"斗争过火一些是难免的","同志们怎样批评我、骂我,我都没有意见",但说我攻击你、反对你,实在是没有根据的。我在信中简要叙述了1949年香山见面的经过,希望得到澄清。我又说到,"我在外交部搞了四年多干部工作,由于总理、陈总和中组部领导以及外交部党委的领导,肯定了整个外交部的干部政策是正确的,我基本上也是执行了这个政策的。这点,我问心无愧"。我提出,"材

1955年,张闻天与刘少奇

料中所下的结论,我觉得确实太严重了些",请求他为我说话,不要把我定成"右倾机会主义分子"。

　　信面交中央办公厅主任杨尚昆同志送毛主席,过了几天,杨主任对我说,毛主席已经批了,你放心好了。此后,我去问外交部有关的人,他们装

聋作哑,不回答我。实际处理确是降了格。因为毛主席在我的信上作了以下批示:"刘英的问题是否应与闻天的问题的处理有所分别,请你们加以研究,适当处理。"陈毅同志也在信上批了"不划右派"等落实毛主席批语的话,并表示由他"负责处理此事"。周总理也批示"同意陈毅同志意见"。这样我的结论才免掉了"分子"而只是"严重右倾"。

斗争告一段落,转入专案审查。闻天动过手术,也病愈出院了。这时他虽然还保留着政治局候补委员的名义,但工作已经停止了。为党的巩固和发展,为新中国的诞生和成长奋斗了将近四十年的闻天,如今被抛在一边,这是怎样的悲凉和痛苦。他跟我说:"我不能闲着!我要工作,大的工作干不了,就做小的工作。"

闻天先去找总书记小平同志,小平同志说:"研究国际问题吧,你熟悉。"这正合闻天的心意。闻天从1950年调任驻联合国代表团团长,1951年任驻苏联大使,1955年奉调回国任外交部常务副部长,十年外交,干得很有兴味。

闻天又去听取少奇同志的意见。少奇同志说:"国际问题,外交战线,你还是暂时回避的好。"少奇同志建议:"还是搞经济吧。"少奇知道,闻天解放战争期间在东北搞过根据地建设,研究过城市工作,提出《关于东北经济构成及经济建设基本方针的提纲》,为中央采纳,吸收到毛泽东同志七届二中全会的报告中,成为建国以后经济工作的指导方针。闻天在庐山会议上所论经济问题,不少同志也是有同感的。

闻天领会到所谓"里通外国"的谣诼尚未澄清,少奇要他避嫌是出于关心。搞经济他也是乐意的,他就按少奇的意见去找当时的经委主任富春同志。富春同志同闻天在东北局财经委员会曾一道当过陈云同志的副手,听闻天一讲非常欢迎,说我们这儿正需要像你这样懂得经济理论的人,欢迎你来。但过了不久,闻天接到富春同志来信,信中表示歉意,流露出经请示未获同意、无可奈何的意思。

　　1959 年 6 月 30 日,张闻天赴江西庐山出席中央政治局扩大会议,7 月 21 日在小组会上作了批评"大跃进"和人民公社化错误的发言。这是庐山会议期间的张闻天

1960 年 11 月,中组部副部长帅大姐找闻天谈话,告诉他中央决定让他到经济研究所当特约研究员。闻天知道,这是一个学术机构,没有决策的权力;"特约"的意思,即是并不担负实际的研究任务,有个地方领工资、过组织生活而已。他回来告诉我,并笑着说:"只要有事做,就行。"

对于这个"特约研究员",闻天没有以"赋闲"的态度对待,他十分认真,立即去找经济研究所的所长孙冶方同志接头。在家里,他开始腾书架,把那些英文版的、俄文版的国际问题、外交业务方面的书籍搬到楼上去,把他原有的各种各样经济学著作及借回来的书刊安放在工作室的书架上。他乐于做一个潜心钻研的学者,他真的像一个经济学研究工作者一样干起来了。

政治上的沉浮,对于闻天已经不是第一次了。地位的高低,他并不看得很重,最重要的是把握住真理,至少也得为党工作。记得延安整风以后,闻天离开了中央领导岗位,分配他负责中央政治研究室,他便着手编辑研究国内外形势问题的"参考资料"。他干得挺欢,组织政治研究室的同志,编发了不少有材料、有分析的资料,他还亲自写了《最近美国对华动向》《十二月全会后国民党的动态》《远东战争现势》等篇。这次到经济所,闻天又得干点什么名堂出来呢?

闻天离开了政治舞台,开始他的"学者"生涯。

他亲自跑图书馆,借阅各种文本的经济学书刊;他将《资本论》摆在案头,重新从头阅读;他参加了孙冶方同志主持的社会主义经济学教科书编写工作,出席各种讨论会。1961 年 3 月至 5 月在香山举行教科书座谈会,他干脆也在那里住下来。会开了两个多月,他参加了两个多月,只有取书、拿衣服才回来过几趟。

学者的生活表面看来是宁静的,没有送往迎来,不要批办案件,也没有什么人来请示汇报,但闻天的内心却怎么也宁静不下来。庐山会议后中国经济的现实,无情地回答了批判者对于闻天他们的批判。中国正经

　　庐山会议后,张闻天于1960年11月被分配到中国科学院哲学社会科学学部经济研究所任特约研究员。他身处逆境却专心致力于中国社会主义经济建设规律性问题的理论研究。他一面攻读马列著作,一面进行社会调查,写出了大量笔记、论文和调查报告。这是在经济研究所期间的张闻天

受着饥饿的煎熬,而"左"的理论却还是那样风行。闻天感到忧虑。"居庙堂之高则忧其民,处江湖之远则忧其君",这是范仲淹提倡的封建官吏的准则。作为共产党的高级干部对国之大难、民之大难能不善谋良策吗?

闻天本来就不苟言笑,现在是更沉默了。他不断地做笔记,写文章。有时,他摸摸索索打开保险柜,将庐山发言的记录本拿出来看,对我说:"我讲的实在没有什么错啊!"

1961年夏天,我陪伴闻天到青岛疗养。从7月15日至9月16日,两个月时间,闻天专心致志地研读马克思的《资本论》。我经常看他临窗沉思,伏案书写。海滨漫步,兴之所至,他也常跟我从《资本论》讲到我国经济翻车的原因和入轨的办法。我内心折服他的见解,但又为他捏一把汗,弄文罹祸,苦头还吃得少吗?

闻天在青岛写的笔记以及在这前后写的笔记,他一直珍惜地收在保险柜里。"文化大革命"起来,经济所的造反派冲进来抄家,硬逼着闻天把保险柜打开,把柜子中文件连同十多本笔记本一起抄走。笔记本中所写的观点当然成了"反革命修正主义"的罪证。但闻天始终不悔,直到晚年还一再记挂这批笔记本。粉碎"四人帮"以后我到处寻觅,后来中组部的同志才从接收的张闻天专案组的材料中找到了九本,送还了我。

翻开这些笔记,闻天苍劲的字迹,朴素流畅的文句扑面而来。从字里行间我看到了他那颗忧国忧民的心。

在青岛两个月,他在三本笔记本上写了一百七十八页,约有六七万字的政治经济学笔记,内容涉及社会主义社会各个方面的问题,有对当时流行的"左"的观点的尖锐批评,有对社会主义的系统论述。

8月10日,写的是"关于按劳分配",有将近十页,其中写道:

> 社会主义、共产主义就是为了人们生活得更好。怕说生活,怕生活好了就会资本主义化,这是一种错误的思想。

关于物质鼓励和精神鼓励。

是物质鼓励加精神鼓励。

怕说物质鼓励是不对的。

仿佛谈物质利益就是卑鄙,谈精神就高尚?

精神不能离开物质,无物质就无精神。

1961 年 8 月,张闻天、刘英在青岛疗养期间和工作人员等合影。左一为王政云,右一为边金菊

只追求物质享受,而不愿劳动,那是卑鄙的。劳动之后得到一定的物质享受,这有什么卑鄙!

8月16日的笔记论到社会主义的矛盾问题:

> 把社会主义的基本矛盾,说成是两个阶级(资产阶级、无产阶级)和两条道路的矛盾,说在社会主义发展过程中,这一矛盾贯彻始终,这是否把阶级矛盾与斗争扩大化了?把社会主义建设问题上许许多多不同的意见,都看成是两个阶级、两条道路的斗争,就必然要乱戴帽子,任意开展斗争了。"双百"方针当然也不可能实现了。

他支持孙冶方同志《论价值》一文的基本观点,认为应该正确地掌握和运用价值规律。他写道:

> 当一个规律(价值规律在内)被认识以后,它不但不能起破坏作用,而且可以很好地为人们所利用,造福于人类。关于价值规律的防止、限制和提高警惕等等,表示人们还并不能掌握这个规律,运用这个规律,因而在这规律的自然作用前面表示恐惧。

由此闻天还联想到经济学界对《资本论》经济范畴的使用也有一种恐惧,"怕在使用中犯修正主义错误"。闻天认为,"只要说明《资本论》范畴在社会主义起了根本的质的变化之后,这些范畴的充分运用,不但无害,而且有利。因为这些范畴虽然表现资本主义社会的特殊性,但也表现一切社会化社会生产的共同性,还不说在社会主义下也还有资本主义的残余"。从中可见闻天对《资本论》的深刻领会和用以解决实际问题所作的努力。

闻天从9月6日至16日写的《关于社会主义和共产主义的要点》,长达五十四页,针对1958年提出的向共产主义过渡和1960年开始提出的"过渡时期"是一个长期历史阶段的错误而发,系统地论述了社会主义社会的性质、特征和它的发展规律,今天读来,仍感到它的理论力量和科学远见。

我对哲学和经济学没有什么研究,对闻天所论,说不上透彻理解,但我总觉得,闻天的笔记中有那么一股探索的精神、求实的精神、勇敢的精神,有那么一种强烈的为人民谋幸福的愿望,想来是不错的吧。

1962年1、2月间,中央为贯彻调整方针召开了扩大的工作会议(亦称七千人大会)。闻天因为当时还保留有政治局候补委员的身份,所以也被通知出席了会议。会上,少奇同志代表中央作报告,认为造成当前经济困难的因素是"三分天灾,七分人祸"。这个估计给与会同志震动很大,也给闻天以很大鼓舞。他从中央承认错误中看到了希望与转机。开完会回来不久,他就同我商议要外出调查一次。我当时对他说,你是"犯错误"的人,上面能同意吗? 他蛮有信心地说:"估计问题不大。"于是他把请求写成报告送了上去。时隔不久,中央办公厅杨尚昆主任来电话说,中央已经同意。闻天对此非常高兴。至于这次调查的目的是什么,重点是什么问题,他没有对我多说,只说是他想了解一下市场与物价问题。但是我从他一面翻阅列宁的著作一面思考问题的情况来看,他似乎已经有了一个胸有成竹的计划。他在出发前一周写下了这样一条笔记:

> 昨夜想到:经济建设与政治革命、与战争的不同点,应该进行研究。从它们的不同点,就可看出解决方法的不同,群众运动方式的不同。

现在看来,他的这段话不但反映了他一贯思考经济建设问题的一个

基本思路,而且正是他后来形成建议开放市场的报告的一个出发点。

从1962年4月8日到6月25日,我陪伴闻天到江苏、上海、浙江、湖南三省一市进行了两个多月的调查。这次调查处境比较特殊,原因在于他是戴着"有问题"的"帽子"下去的。1959年庐山会议发言后他被扣上的两顶"帽子":一顶为"右倾",一顶为"反党"。1962年春,各地根据中央指示和扩大工作会议精神,正在给一批1959年以来被定为"右倾机会主义分子"的党员干部进行甄别平反。可是闻天属于庐山会议上列入"军事俱乐部"的成员,不在此之列。这就使得他的这次南行成了一个戴着"帽子"搞调查的奇怪的特例。

其实对闻天来说,"帽子"不"帽子",倒也是无所谓的,"帽子"既挡不住他搞研究的志趣,也挡不住他搞调查的决心,只要能让他到基层实地看看就已经是心满意足了。然而这种特殊情况却使得地方领导在接待问题上颇费踌躇。要说职务吧,闻天虽然行政上的领导职务是没有了,但党内中央政治局候补委员的职务至少名义上还没有撤销;要说问题吧,实在不算小,可是既然有问题,为什么中央还批准出来搞调查。至于各地领导如何处理这次接待,我和闻天都不得而知,但是接待的原则从接触中却是大体觉察得出来的,这就是:主要领导人一般都不出面,尽量由下面介绍,态度上不冷不热,谈情况要首先肯定成绩,讲问题则要讲形势已经好转。上海是闻天的家乡,闻天到达市里之后提出约请市委农村工作部的负责同志交谈,来的却是闻天老家南汇县的一位副县长。闻天知道是市委领导故意冷淡,但他与来的同志还是谈得特别热络,并且留这位同志吃饭,将他带的材料也留了下来。更有意思的是,到了湖南长沙县去参观我老家的一个公社时,党委书记拿着完全是给外宾介绍的一套材料照本宣科。这样一来,除了人民公社的"优越性"外,自然听不到任何存在的问题了。随后我从侧面了解了一下方才知道,我们去以前那位党委书记就已经得知张闻天是"右倾机会主义分子",当地群众一传则传成右派分子了。

　　1962年4月至6月,张闻天到江苏、上海、浙江、湖南三省一市进行了两个
多月的调查研究,虽然这次调查受到了一些限制,但他还是尽可能地了解人民
生产、生活的实际状况,认真地探索社会主义建设中的一些理论和政策问题。
这是他同刘英在江苏调查途中

在这样的接待方针下，为了能打破限制了解更多的真实情况，闻天也有他自己的办法。例如：少听汇报，多到实地去看；不光是听干部怎么说，而且要听群众是怎么反映的；不论是听汇报也好，还是实地去看也好，总要提问，而且问得非常具体。为了摸到群众实际的底细，他甚至利用早晚散步的时间到自己所住的招待所附近的农村社员家中进行家庭访问。记得在无锡调查时，招待所旁边有个青祁村，村里住的多数是蠡园公社青祁大队的社员。闻天散步时就到过好几户社员家里，看看社员家的猪圈、灶头，详细询问他们的生产、生活情况。通过几次接触，有的社员熟识之后几乎无所不谈，并且反映说这个首长没有架子。

由于客观上1958年"大跃进"带来的后果已经使得许多人看到"左"的错误的严重危害，加之当时各级领导正在为贯彻落实中央的"调整、巩固、充实、提高"的八字方针，采取许多纠"左"措施，因此，这次调查，虽然一些地方对我们有一定程度的"戒备"，但总的来说多数也还是实事求是谈情况的，有的甚至是敢于大胆说问题的。这方面比较而言，江苏几个地区干部反映问题比较真实，尤其是扬州几乎可以说是对我们没有保留。因此，我们这次调查也以在江苏的收获为最大。在这里首先听到的和看到的，是生产力的破坏。扬州的里下河地区是苏北有名的产粮区，无锡、苏州更是世称"鱼米之乡"，可是当时农村群众口粮人均每月只有十五斤，每天半斤，甚至还不到半斤粮。群众吃不到粮食，就用胡萝卜缨代替，很多人得了浮肿病。可见1958年以来生产的滑坡，群众生活水平的下降，的确是令人吃惊的。苏州是历来手工艺产品出名的地方，可是手工业改造以后，小商品生产几乎一扫而光，以至弄到连群众生活必需的日用品煤球炉子都买不到。闻天在听到汇报这些情况时，忍不住插话说："瞎指挥啊！"

市场、物价问题是闻天这次下来调查的重点。当时农村中刚刚恢复了集市贸易，有的城市也开放了自由市场。闻天差不多每到一地都要去看看这些市场。当时对这种做法群众普遍的反映是欢迎的。若要说问题,恰恰是群众要求扩大市场贸易,而我们的政策限制太死。群众对于既不能计划供应、又不能敞开的东西买不到意见很大,认为这种市场管理不得人心。苏州市委一位副书记在谈话中提出,中等城市集市贸易究竟如何搞? 如何控制投机倒把、小商小贩,做到管而不死、活而不乱? 又提出如何看待自由市场上的"两条道路斗争"? 闻天对这些问题不好表态,因而只好说:这个问题蛮复杂,不只是一个地方有,这个问题值得研究。其实这位副书记所提的问题,正是闻天心中已经在考虑的一个大问题。

南方调查回来,闻天感到一个最大的收获,就是亲眼看到了集市贸易和部分城市的自由市场在交流物资中起到的良好作用,而群众反映限制太多、太死,正反映出我们政策中"左"的框子还没有能够突破。闻天历来是相信经济问题要通过经济办法来解决的,这次又直接看到了群众的要求,为了把经济搞活,他提出一个大胆的建议,这就是:打破统购物资的限制,打破地区的限制,将集市贸易逐步扩大为全国市场。他把这个建议同我议论,并向经济研究所所长孙冶方同志讲了。孙完全赞成他的观点,还给他送来许多参考资料。事有巧合,经济研究所里一位年轻的研究人员下放在河北,这时他从昌黎写给所里一封信,也是主张"大开自由市场",并且认为:"只要有利于生产,即使是'投机贩运'又有何妨;大不了让投机者赚几个钱。"孙接信后也马上将信打印送闻天一份。

在调查的基础上,经过对有关材料的进一步整理研究,闻天终于写成了一份给中央的报告,即《关于集市贸易等问题的一些意见》。报告的中心意思是建议中央开放市场,其内容是把闻天在调查过程中就开始酝酿的大胆的设想比较系统地作了阐述。具体地说:首先在地域上,主张集市贸易"可以超出本地区范围","成为全国市场的一个组成部分";这个市场"应该容许和利用合作商店、夫妻店、个体手工业者以及小商贩的合法买卖活动","'投机倒把'的观念,应该限制在违法乱纪的范围内"。报告

　　1962年6月,张闻天调查结束回到北京。7月他根据这次调查结果,向党中央提出进一步开放集市贸易的建议。不久再次遭到打击,并对他进行专案审查。这是1962年的张闻天

1963年,张闻天、刘英携小倩在青岛海滨

主张压缩一、二类物资的征派购数量和品种,建议国家明确宣布,"农民在完成其交售任务后,有在集市上按照市场价格自由出卖其农副产品(包括粮棉油在内)的权利";除了配给给职工的东西,国家对包括工业品在内的"所有商品",都可以按市场价格在城市和集镇出售。在价格问题

上，"国家在规定全国各地物价指标时，应该富有伸缩性"。要给地方以"较大的机动权"，使其能根据"市场上行情"的变化，调整工农业产品的比价。

闻天对他这篇报告非常认真，写成之后先征求经济研究所专家的意见，为此所里专门召开了座谈会。他在听取意见后又作了修改，在送交中央之前，还郑重地给毛主席写了一封信。本来在他提出要写调查报告时，我心里就有点犯嘀咕：庐山会议挨了那样一顿批判，如今才事隔两年，又要提建议了，难道还不记取教训？这时报告马上就要送了，我不得不出来劝说：是否就不要送了，因为你的意见人家不会采纳，弄不好又要引"祸"烧身。但是他却坚持要送上去，说这是影响人民生活的大问题，而且也是反映群众的要求，怎么能够不提；听不听是中央的事，我是共产党员，既然看到了问题该建议的还是要建议。

可是后来事情发展果不出我的预感。报告送上去不出两月，八届十中全会就重点批判"单干风"、"翻案风"、"黑暗风"，决定对"彭黄张周反党集团"进一步审查。闻天这篇报告就变成了新的罪证。接着，1965 年经济研究所进行"社教"运动，这篇报告又成为新的批判对象，说它反映了没落阶级的要求，甚至说是又一次向党进攻，性质之严重超过了庐山会议上的发言。最后，1967 年 6 月，科学院学部召开批判闻天的大会时，这篇报告仍然是集中批判的重点。尤其不好理解的是，这件事还牵连了一批人。经济研究所所长孙冶方支持报告的观点本来属于学术问题，非要扯到政治上，说这是经济研究所内"张孙反党联盟"的证据。甚至闹到南方调查中闻天接触过的人也都要进行审查，凡是有过与闻天相同观点的人也都受了牵连。闻天有一个外甥，当时在杭州屏风山疗养院当副院长，是个眼科医生，正好那次闻天调查去参观了这个疗养院，于是外甥来见舅舅，谈了几句话。事后这位年轻人也受到了追问。由于他不肯说出与舅舅谈话的内容，就被认为划不清界线，不让去听"反修报告"，"文化大革命"中也为此受到批判。在那个"左"倾思潮盛行的年代,提出一点带突破性的建议是多么的不易!

八届十中全会以后,我在外交部也不能再待下去了。1964 年我被安排到了近代史研究所。

十二、"文革"磨难

从评《海瑞罢官》到批"三家村","文化大革命"紧锣密鼓地发动起来。我们开始感受到这场政治风暴的低气压了。1965 年接替尚昆同志主管中央办公厅的那位主任,先是吊销了闻天的"供应卡",接着就撤掉了"红机子"(内部电话机),后来又搬走了煤气罐,取消了小轿车。

"文革"的邪火很快烧到了闻天的身上。1966 年 8 月 9 日,经济所首次揪斗张闻天。从此闻天开始了承受残酷斗争、非人折磨的岁月。

当时闻天已年近七十,高度近视加白内障,血压高达二百,心绞痛不时发作。但是,他不能休息,得不到治疗。无论严寒酷暑、风雨冰雪,他都得怀揣月票、手提书包(里面装着检讨、交代材料)去挤公共汽车。在如潮的人海中,倒两次车,才能赶到经济所。那里等待着他的,是批斗、审问,是戴高帽、挂黑牌,是"喷气式",是示众、游街……闻天每次出门,我的心都为他悬着,怕他被人群挤坏,怕他被揪斗致死。天墨黑了,我常常依门而望,等待着他那颤巍巍的身影。我无法平复我那惊悸的心。在这场疯狂的、失落了人性的"革命"中,死神确曾几次走到了闻天的身边……

闻天在经济所第一次揪斗,就遇到危险。他回到家里,衣服扣子都已全部掉光。他告诉我,今天差点儿回不来了。批斗大会开始不久,他就被推上台,挂了牌子,戴了高帽子,后来又有不少人被点上台来,挤在一起,热得不堪,一挤一轧,高帽子扣到额下,又闷又热,他觉得胸闷,觉得头眩,

1965年,张闻天、刘英同家人等在一起。左起第三人为工作人员孙时平

觉得天旋地转……终于什么也不觉得了。他被拖到后台,他似乎听到远处有一个女人在恶声恶气地骂他:你别装死,你死不了! 慢慢苏醒过来,原来女人就在面前,是经济所的一个造反派。

又有一次,是北航批斗彭德怀,把闻天拉去陪斗。总理嘱咐:一不能弯腰,二不能打人,三不能污辱。但"四人帮"全然不管,在他们怂恿下,打得更凶,竟在斗争会出口处组织打手排列成队,每人向彭、张等人击一巴掌。闻天被打得满头满脸青包紫块,当场晕了过去,要不是两个军人把他拖上示众的汽车,后果不堪设想……

还有一次,已经熬过了一天的折磨,蹒跚着走进家门了,竟因心力不济,昏厥在地……

就是在这样受难的时刻,他还总是想着别人,顾着别人。

有一次造反派半夜把闻天抓到外交部,一大早就揪着游斗,几个人扯

"文化大革命"开始后,张闻天备受折磨,1966年8月9日起不断遭到批斗,张闻天经常乘公共汽车到机关接受批斗。这是他使用的汽车月票

着跑步上下楼,就这样折磨着把外交部大小办公室、宿舍楼几乎游斗遍了。下午再开大会斗争,受尽摧残。大会开到五点结束。又将闻天他们押在一间房里,提审闻天,硬逼他承认陈毅是他庐山发言的后台。闻天坚决否认,说他的发言是自己的思想,与别人无关。造反派从他口中捞不到反陈毅的材料,又痛骂他"死顽固"。那次我也是半夜就被揪去,早晨在食堂喝稀粥的时候,闻天见我一动不动,就悄悄对我说:"快喝点,不然要顶不住的。"幸亏听了他的提醒,要不然我空着肚子被拉去楼上楼下游斗折磨,大会陪斗,如何受得了?那天挨斗回来以后,闻天抚摸着我的手,问我:"顶得住吗?"我宽慰他:"你看,这不是顶住了吗?"他端详了一会,看我的神色确还可以,就说:"你顶住了,太好啦,批斗的时候我老是想着你,但又不能看你,真怕你身体吃不消啊。"我听他这么说,不由得眼圈都红了。

闻天无数次地被批斗、被审问。他的一本"文革"记事本上记载,1967 年一年里,他接受审讯、回答问题,或者在记录上签字,或写出材料,累计达到二百一十九起。不论怎样辱骂、恫吓,不论怎样诱、套、哄、逼,他总是沉着镇静,谨慎负责,认真回忆往事,实事求是地回答问题。涉及党内同志历史情况,是非功过,他不管外界的舆论和压力,总是据实回答,决不乱说。有时还同造反派辩驳起来。当有人对他的交代不满而大发雷霆时,他总是慢吞吞地说:"我知道的就是这些。你们要我说的那些情况,我不知道。"为了这种"顽固",他不知招来多少拳棒。为了保护同志,他甘愿承受,从不抱怨。

1967 年 2 月 16 日,一个难答的问题突然提到了闻天的面前:1936 年春"六十一人出狱"是怎么一回事?提问者是天津南开大学的"抓叛徒战斗队"。

这已经是三十年前的事了,若干细节印象已经模糊,但总的经过闻天是记得清楚的。

　　那是1936年春天,少奇同志派专人送来一封信,说有一批干部(六十一人)关在北平草岚子监狱,过去表现好,据监狱内部传出消息,只要履行一个不反共的普通手续就可以释放。当时华北抗日形势迅速展开,急需干部,而狱中同志要得到中央同意,看到领导同志签字的文件,才愿出狱。少奇同志请中央立即决定。事情来得很急(因为如果日本人侵占平津后就不能办了),又是如此重大,闻天当即与当时中央的主要领导同志商量,决定予以批准。薄一波、安子文、杨献珍、刘澜涛等六十一人出狱以后,许多同志成为抗日战争的领导骨干。七大召开前夕,审查代表资格的时候,对他们又审查了一遍。闻天对我说,事实就是如此。六十一人出狱的确是中央批准的。可是在这个当口重提这桩历史陈案,该怎样回答呢?闻天很为踌躇。

　　当时以批《清宫秘史》为由头,引发了全国上下抓叛徒的运动,斗争矛头向着少奇同志。报纸上,"中国的赫鲁晓夫"就是刘少奇的代称;如果对此事推卸责任,那么少奇同志"大叛徒"的罪名就更重了。事实并非如此,闻天怎么肯为了一己的安危而使少奇蒙冤受害呢?六十一人出狱本来是那种特殊条件下采取的特殊策略,无可厚非;六十一位同志本身更是在狱中坚持长期斗争的好同志,当然不应为此而蒙冤受屈。但此刻如果明说此事是经中央研究批准,"炮打无产阶级司令部"的罪名也担待不起。闻天考虑再三,决定给知道此案经过的中央文革顾问康生去信,闻天用了一个较为模糊的概念,说此事回忆结果是"经中央批准",这样回答是否可以,请他查查档案。

　　闻天接连去了两封信,却不见回音。红卫兵"小将"催得急,闻天乃独自承担责任,他答复:六十一人出狱是经过我签字批准的,当时我是中央负责人。并说:"我现在记得,当时我没有把此事报告毛主席,或提到中央特别讨论。"

　　"小将们"欣喜若狂,又揪出了一个"大叛徒"——张闻天!

闻天反倒有一种轻松之感,这个坎总算是迈过去了,虽然又多了一顶帽子。

可是,阴谋家的卑劣远远超出老实人的意想之外。这事并没有就此了结。

1967年6月的一天,闻天突然被叫到经济所受审讯。回来后,他对我叙述了这次审讯的经过:

今天来了两个身穿军服的人,自称是康生派来的。问了一通六十一人案始末之后,严厉地训斥我,说我在这个问题上"把水搅浑了"。他们说:"这个案子是刘少奇背着中央搞的,你张闻天为什么承认是你批准的?以后再瞎说,后果由你负责!你应该给子孙后代留条后路!"这明明是暗示我重写材料,把责任推给刘少奇。我当场拒绝了他们,告诉他们:"要整就整我吧,我不能说假话,陷害人。"

闻天讲完了这段经过,轻声对我说:"我可能会被逮捕。"

没完没了的批判、斗争持续了将近两年。1968年5月16日,景山后街甲1号我们的寓处开来了一个班的武装,宣布对我们实行"监护"。就地将我们隔离开来,把我们两人分别关在两间冬冷夏热的小屋子里。门窗用报纸糊得严严实实,门上挖了一个小方洞,警卫日夜窥望监视。屋里只有一张板床,一张长凳。不许听广播,不许看报,不许同任何人来往。审讯处贴满对敌斗争的语录,有几个军人对我们轮流审讯,反复逼供。我和闻天住的房子只隔一小间屋,但咫尺天涯。每天只放风一次,时间错开,不让我们碰面。

但盥洗室还是合用一个,我们仅能利用这里通一点信息。那时每天早晨天还不亮,我们就要被吆喝起来,拖地擦桌子。大拖把浸了水,拿起来很重,我个子小拿不动,常常不在水里洗干净就拖因而挨骂。大约是闻天从

骂声中听出了原因,以后待我去拿拖把时发现总是洗净后晾在那里,半干不干,不太重又好拖。闻天泡在盆里的衣服,我也总是悄悄给放上洗衣粉(肥皂限制不够用),抽空子给他搓一下。我们就是这样人不见面心相见!

最难熬的是夜深人静时,我只能从他的咳嗽声判断他的存在,从审讯人的吆喝得知他的坚定。安静下来,不闻声息,我就感到惶惶不安。有一次,几天没动静了,我上卫生间时细细察看,发现有一痰盂血,已经上了冻了。后来才听闻天告诉我,他那次是折磨得受不了,心脏病发,鼻子淌血不止,监管的人不得不将他送医院抢救治疗。一个多月出院后,闻天怕再出事时救不过来,提出同我见一次面的要求,而那班监管人员却不同意,说"时候没有到,不行"。真是毫无人性。

我们被这样分隔拘禁,长达五百二十三天,阴谋家终于没有从闻天嘴里挖出他们需要的那句话来。

从可诅咒的单人囚室里放出来,重新见到闻天,那是在"监护"一年半之后的 1969 年 10 月 20 日。我简直不敢相信我的眼睛:这是闻天吗?头发、胡子又长又乱,脸色苍白,全身浮肿,人都走形了。当我缓过气来,问到一年来受审情况时,他仍然是那句话:"我知道的就是那些,别的我不知道。"语调缓慢沉稳。

接着中央办公厅来人通知:遣送广东肇庆,限三天内启程;张闻天的名字停止使用,另取化名;对外保密,只能同直系亲属通信。

"遣送"就是"流放"。两广、云贵,古时就是谪贬之地。落到我们头上的,比谪贬严厉得多,削职为民不算,还交付当地军分区"看管",简直就是"发配"。闻天说,既然我们是普通劳动者了,我就叫"张普"吧。

时间,不允许我们细细品味"遣送"的涵义,不管怎么,我们又生活在一起了,可以互相照应了,总比"监护"强。现在要紧的是赶快收拾行装,第三天就要动身的啊。

闻天赶忙站到他的书柜前面,开始挑选要带走的书。

张闻天终于在 1974 年被恢复党的
组织生活,此后即使用此证缴纳党费。
当时禁止张闻天使用真名,故化名"张
普"

　　闻天平生俭朴,吃穿很不讲究。他没有别的嗜好,就是喜欢买书。当
驻苏大使的时候,常同使馆的同志一道去书店。离任回国以后,他也隔些
天就要到书店走一遭。亲自从书架上选购书籍是他最大的乐趣。他并不
因为犯过教条主义而讳言读书。他常说:"那不是读书的过错,那是读书
的态度和方法不对。书,还是要多读。"

　　闻天在书架前站了不一会儿,就感到头晕目眩。一年半不见阳光的
囚徒生活,将他摧残得太虚弱了。我赶紧给他搬来一张椅子,让他坐着。
把内侄女小红叫来,让她按姑夫的指点挑书。取下了马恩全集,取下了列
宁全集,取下了鲁迅全集,一个大铁箱就差不多装满了。闻天对着书柜,
叹了口气,摇摇头,让小红再拣了一些,就只能罢手了。

　　南行的列车把我和闻天带到广州,又坐三小时汽车才到了肇庆。我
们的住房被安置在军分区的一个宿舍区,背靠着牛岗,是几间简陋的平
房。这里离肇庆最近的集镇还有两里路。没有熟人,没有电话,部队设岗

1969 年 10 月初，刘英随同张闻天被遣送广东肇庆，在那里度过了六个春秋。这是
1973 年张闻天、刘英同侄女刘晓红在肇庆住处留影，身旁芭蕉树是张闻天亲手培植的

"警卫"着我们的住所。上街买菜，生火煮饭，就成了我的主要差使。从"监护"到"遣送"，我们只不过是从四壁密封的黑房换进了没有栅栏的"鸟笼"。就这样，我们被抛弃在一边，开始了长达六年孤寂的流放生活。

肇庆六年，闻天已经垂垂老矣，但他的心还是年轻的，他的思想仍然清晰、敏锐。他没有间断过对党和国家命运的思索，对社会主义国家治国兴邦规律的探求。他把列宁的一句话写在台历上，作为座右铭："为了能够分析和考察各个不同的情况，应该在肩膀上长着自己的脑袋。"

是的，闻天已经被剥夺得一无所有，他手里没有权力，更无力挽狂澜于既倒。但可宝贵的是，他始终没有丢失"自己的脑袋"。那冲破牢笼的思想是任何威权和强暴都压不住、夺不走的。

"文化大革命"期间,张闻天用台历反面和小学生练习本裁成的卡片,摘抄了大量马列著作和鲁迅著作。这是摘抄列宁的一段话:"为了能够分析和考察各个不同的情况,应该在肩膀上长着自己的脑袋。"

在肇庆牛岗下那间小屋里,闻天留在我记忆里的,就是读和写。

他的视力只有零点二了,他还是不停地读;他握笔的手已经不住微微颤抖,他还是不停地写。没有卡片,他把旧台历反过来使,将小学生的练习本裁开来用。他按照专题,写了一叠又一叠卡片,分装在纸袋里。

他读报特别仔细,政治变动的情况都分类记录下来。极"左"言论越来越离奇,个人迷信越来越严重,他忧心如焚,每每来回踱步,喟然叹息。1971年9月13日,林彪出逃,折戟沉沙。这一事件引起闻天极大震动,促使他决心把经过深思熟虑的观点形诸笔墨。他要探究:在社会主义的机体上怎么会长出林彪这样的毒瘤?斯大林那样的个人迷信怎么得以在60年代的中国疯狂地重演?从这时起到1974年,闻天写了近十万字的文章和笔记。虽然闻天从自己的政治生涯中体会到领袖的个人性格、突

张闻天、刘英在肇庆期间,儿子虹生从新疆前来探望,这是他们在肇庆七星岩的合影。前排是儿子虹生和孙女东燕

发的偶然事件(哪怕是一些小事)往往会影响重大的政治进程,但他从马克思的学说中领悟到,这并非问题的症结所在,他的目光远远超乎其上。他着重论述的是社会主义国家政治与经济的关系、党和国家的关系、领袖和

群众的关系、正确进行党内斗争的问题,他深广地分析在我国政治生活中这些关系现存的各种矛盾,从经济、社会、历史、传统等方面寻找产生的原因,力图从个别看到一般,从偶然看到必然,从根本上提出解决问题的方法。

在闻天平反昭雪的时候,《人民日报》曾选载了其中的两篇:《无产阶级专政下的政治和经济》和《党内斗争要正确进行》。在《张闻天选集》中除收录这两篇以外,又选入了《人民群众是主人》、《衡量党的路线、政策的最高尺度》、《关于社会主义社会的公私关系》等三篇。经历过十年浩劫的人们,谁都能一眼看出,闻天这些文章都是有的放矢,他用朴素的语言道出了客观真理。在极"左"统治一切、个人迷信登峰造极的时代,闻天写下这些文章,说明他没有被"文革"风暴击倒,他还是庐山会议时的"书生意气",确实具有理论家的胆略和卓识。

> 任何阶级的理想,都不能脱离自己的物质利益而存在,都不能不最终归结为实现自己的物质利益。共产主义是我们的理想。共产主义的理想,就是消灭剥削、消灭私有制度,解放无产阶级,解放全人类,大幅度地提高社会生产力,使全体社会成员日益增长的需要能够得到满足。共产主义不是要我们像现在这样生活得差,而是要生活得更好。理想不是空中楼阁,不是不可实现的虚无缥缈的幻想、神话式乌托邦,而是经过努力,完全可以实现的。生活的理想,就是为了理想的生活。
>
> ——张闻天:《无产阶级专政下的政治和经济》(1973 年9 月 20 日)

闻天虽多书生意气,但半个世纪的斗争教会了他机敏老练。他鄙视阿谀逢迎,憎恶玩弄权术,但他决不鲁莽行事。这些文章,他知道是万万不能再往上送了,而且连让外人知道也不行。他把在上海从事地下工作时的一套施展出来,偷偷写好文稿,秘密收藏起来。

外甥马文奇从上海来了,他曾经在舅舅身边读过书,舅舅信任他,珍重地拿出手稿,让他抄录。抄了校,校了抄,文奇休假期满了,还没有抄完,舅舅就让他带回上海去抄。文奇接过舅舅的手稿和钢笔,带回上海。抄写一式三份,用塑料袋装好,分别收藏起来。

我得空的时候也帮他抄写。

晚辈来肇庆,给闻天带来合脚的布鞋,带来各种书籍,对闻天和我都是很大的安慰。闻天的话也多起来了,他同晚辈回顾过去,议论当前,也展望未来。他总是说:"历史最公正,是非、忠奸,这一切,历史终将证明,终将作出判断。"

闻天一点不怀疑自己掌握着真理,对党的前途充满信心。他认为写下的这些文稿并不是个人才智的表现,而是中国社会主义革命和社会主义建设历史经验的结晶。同民主革命时期的历史经验一样,也是从亿万人民的革命实践中来的,其中也掺和着鲜血和泪水。所以他要冒着风险写下来,冒着风险藏起来,闻天希望"也许有一天我能在哪次会上谈谈,不然,就让它们'藏之名山,传之其人'吧"。

1973年3月,小平同志复出担任国务院副总理,闻天非常高兴。他说:"小平敏锐爽朗,解决问题果断,确实是个人才。"他感到我们党、我们国家可能会有及早从迷宫里走出来的希望。

1974年7月,我获准赴北京探亲,前去看望王震同志。他关切地向我问起闻天的情况,劝我鼓励闻天向毛主席打报告,还笑着叮嘱我:"那句关键的话可一定得写上哟!"于是闻天请王震同志转呈给毛主席一封信,要求迁回北京居住。但得到的是那位中央办公厅主任传来的话:到北京住恐不合适,可另换一个地方居住。闻天想回上海,又不准。最终我们到了无锡。那已经是 1975 年 8 月了。

刚到太湖之滨,闻天仿佛回到了家乡一般,心情比较愉快。这时我们已从"遣送"人员变成自由公民了,虽然他的名字还仍然叫做"张普"。

1975 年 8 月,张闻天、刘英从肇庆迁居江苏无锡。这是在无锡的住所——汤巷 45 号

1976年春,张闻天、刘英在无锡鼋头渚与医护和工作人员合影。后排右起:李鹤强、张闻天、周铭、刘英;前排右起:黄关祥、邵力正、张敏群、过志清

1976年7月1日,一颗赤诚的共产主义战士的心脏停止了跳动——张闻天病逝于无锡

此后,大故迭起,风暴丛生,"反击右倾翻案风",总理逝世,"天安门事件"……一桩桩事变都在闻天心里激起万丈狂澜,肺气肿、心绞痛频频发作,终于在1976年7月1日傍晚,心脏病猝发,一跌倒就再也没能喊醒过来。

悲哀和愤懑塞满了我的胸腔,我失声痛哭,昏厥过去……我还得等待对闻天身后的"判决"。

闻天死后将近十天,江苏省委才接到当时的中央指示,派一位常委赶到无锡。他向我表示慰问之后,宣读了"四人帮"发下的指示:就地火化,继续保密;不许开追悼会;骨灰存放无锡公墓;刘英就地安排。

世界上有这样违情悖理的葬仪吗? 我,闻天的妻子,在丈夫灵前安放

张闻天逝世时,祖国上空的乌云尚未驱除,在他的灵前只有刘英和亲属的花圈,花圈上只能写"献给老张同志"

的花圈上,竟只能写上"献给老张同志"!

想到闻天病重时,要我坐到他的床前,对我说:"我不行了……别的倒没有什么,只是这十几年没能为党工作,深感遗憾。"他一再重复:"我死后替我把补发给我的工资和解冻的存款全部交给党,作为我最后一次党费。"我默默点头,强忍住一眶泪水。他没有听到我回话,还一定要我拿纸过来,写下保证,签上名字。我眼泪夺眶而出:"难道你还信不过我?"他这才放下心来。

想起闻天一生以人民公仆自命,他说过:"领导,就是服务,领导人民,就是为人民服务。"他从不谋取私利。外交部总务司的同志要给我们换一所大一点的房子,他坚决回绝;精简机构,1955 年他就让女儿从外交部回上海工厂;支援边疆,他又让儿子到新疆农场劳动,一去十多年……

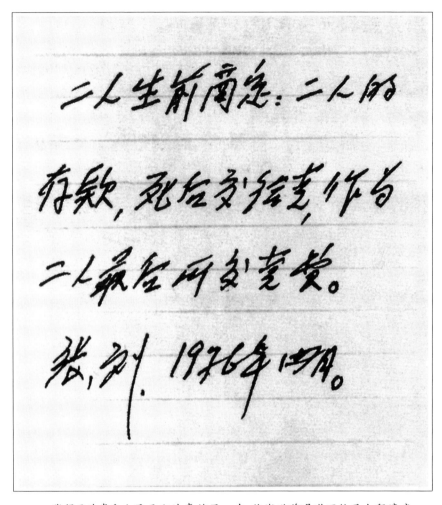

张闻天为党和人民无私地奉献了一生,他逝世前嘱咐不给子女留遗产。
这是他病危时刻同刘英商定把个人存款作为最后的党费交给组织的字据

　　闻天对党,真是忠心不贰,鞠躬尽瘁。而在他死后,一时盘踞要津的
"四人帮"对他竟如此冷酷,这是公平的吗?

　　又过了几天,7月13日,南京《新华日报》在第三版右下方角落里,登
出四行小字,公布中国科学院哲学社会科学部经济研究所特约研究员张
闻天离开人间的消息。中央报刊一概缄默。以至于1976年9月我到北
京治病,在医院遇见乔木同志,他还向我探问闻天的近况。

十三、党的温暖

诚然，"四人帮"对闻天的冷酷，无损于闻天的光辉，他们只是我党的一小撮败类。我们的党是由许许多多好同志集合起来的伟大的党。我从战友和同志那里得到的是亲切的抚慰，诚挚的关心，实实在在的帮助。我深深体会到党的温暖。

1976年9月，叶帅亲自批准我去瞻仰毛主席遗容。王震同志见到我，关照我说："闻天同志是我们党的理论家。他写的稿子你千万不能烧掉啊，一定要保管好。如果不方便，把它放在我那里。"那时还没有粉碎"四人帮"。我就把闻天的一部分文稿寄存在他那里。粉碎"四人帮"后，他将这批文稿转交给了乔木和力群同志。

1977年8月，我搬回北京。当年12月，耀邦同志担任组织部长，于1978年1月23日亲自跑来看我，问我有什么要求。我说："闻天的骨灰还在无锡，希望运回来；他写的文章，如果没有错误，希望能够出版。"耀邦同志立即派人到无锡去看望，并决定将闻天的骨灰移回北京。但那位办公厅主任却从中作梗，故迟迟未能办成。直到为闻天开追悼会前夕，我才得以在中组部老干部局同志陪同下，去无锡将闻天的骨灰迎回北京，让闻天在八宝山革命公墓安息。

十一届三中全会期间，我写信给陈云、耀邦、王震同志，要求给闻天做结论。陈云同志立即批示："完全应该，转各主席传阅。"

后来耀邦同志派人来告诉我，中央决定为闻天同志开追悼会。我听到这个消息,喜出望外。这是我万万没有想到的事情。

要开追悼会了,陈云同志在外地捎话回来,希望会期稍为推迟一点,以便他赶上参加。

1979年8月25日,中央为闻天举行了隆重的追悼会,陈云同志主持,小平同志致悼词,充分肯定闻天的一生"是革命的一生,是忠于党、忠于人民的一生"。追悼会后,耀邦同志又批准成立《张闻天选集》编辑组,编辑出版他的遗著。

在庆祝中国共产党成立六十周年大会上,胡耀邦同志的讲话中将闻天的名字列入同毛泽东等同志一起为中国革命的胜利、为毛泽东思想的形成和发展作出重要贡献的党的杰出领导人的行列,给了闻天应有的历史地位和崇高荣誉。

党没有忘记闻天,人民没有忘记闻天。我体会,党中央恢复闻天的历史地位,是拨乱反正的体现,是实事求是的范例,是我们党充满自信、充满活力、健康发展的标志,其意义不仅在于给闻天个人以公正的评价。

闻天是伟大的中国共产党的一个成员,是伟大的中华民族的儿子。闻天的光荣,就是我们党的光荣,民族的光荣。看到闻天毕生为之奋斗的事业欣欣向荣,看到闻天的理论研究对党、对人民有所裨益,看到闻天的精神和品格得到人们的敬重,作为一个老共产党员、闻天的伴侣,我感到欣慰。

　　1979 年 8 月 25 日,张闻天追悼大会在北京隆重举行。追悼大会会场当中挂着张闻天的巨幅画像,骨灰盒下面放着夫人和战友刘英敬献的花圈

在张闻天追悼大会上,邓小平代表党中央致悼词,对张闻天的一生作了公正的评价

陈云在张闻天追悼大会上向刘英表示慰问

刘英同志：

在张闻天同志九十诞辰到来之际，首先向您致以诚挚的慰问。

闻天同志是忠诚的马克思主义者和杰出的无产阶级革命家，党和人民永远不会忘记他为帼革命和建设事业作生间不朽历史贡献。他对共产主义矢志不移的坚定信念，他和政治家的宽广胸怀和学问家的谨严风范，他为人民利益而坚持真理、修正错误的崇高品德，他深入实际实事求是谦虚谨慎、艰苦朴素的优良作风，永远值得我

1990年8月28日，在纪念张闻天诞辰90周年之际，江泽民写给刘英的亲笔信

· 217 ·

们好好学习。我相信，他的革命事迹
和思想遗产，将会不断地激励全
党同志和全国人民把建设有中国特
色的社会主义事业推向前进。
　　衷心地祝愿您健康长寿！

　　　　　　　　　　江泽民
　　一九九六年八月廿八日

刘英大姐：

　　欣逢您九十岁的生日，我们向您致以热烈的祝贺和衷心的敬意。您从青年时期初献身中国革命事业，无论在丰顺、上海的地下工作中，苏区群众工作中，两万五千里长征途中和以后漫长的革命岁月中，您一贯勤奋工作，不计名位。您同闻天同志一起渡过那艰辛的日子，支持他致力不倦地以马克思观点探索并且设法将他的论著保存下来，留给后人一笔丰富的精神财富。您的出色的工作，坚强的党性和坚毅的品格都值以我们好好学习。今天我祝贺您九十华诞，祝愿您健康长寿，同时深深缅怀闻天同志，衷心感谢他给我们的教育。

　　敬礼

　　　　　　　　　　　　　　宋平　陈舜瑶

　　　　　　　　　　　　　　　1995. 10. 7

　　1995 年 10 月 7 日，在刘英 90 寿辰之际，宋平和夫人陈舜瑶写给刘英的亲笔信

附 编

党内楷模　女中英豪
——我所知道的帅孟奇大姐

　　我和帅孟奇大姐相知相交快 60 年了。我敬她,爱她,从心底里钦佩她! 她称得上是党内楷模,女中英豪。我为有这样一位亲密战友而感到自豪。

　　我最初认识帅大姐是在莫斯科。那是 1929 年初,因为白色恐怖严重,我再也无法在国内立足,组织上送我到莫斯科劳动大学学习。帅大姐比我早到一年。那时,劳大的女生全都住在离学校不远的葛高里斯克,宿舍原是一间大舞厅,天穹与四壁都有彩色的绘画。帅大姐长我 8 岁,那年已经 32 岁了。她对我们这批新生很关切。她看我身穿一件旧棉袍子,经过长途跋涉,脏得不堪,换洗的衬衣裤也没有,就把她所有的衣服都拿出来,让我挑选合适的替换。刚到异国他乡,就遇上这样一位乐于助人的大姐,我着实感动。叙谈起来,又都是湖南出来的,格外亲热。我们一下子就成了无话不谈的好朋友。帅大姐还向我介绍劳大内部的斗争情况,告诉我谁是托派,谁是国民党,要我当心。

　　关心同志,不顾自己专想别人,已经成为帅大姐的一种习惯。对我是这样,对许多同志都是这样。1931 年帅大姐到上海做地下工作,上面没有经费,她在纱厂做工,挣钱养活自己,还省吃俭用周济别人。黄海明同志刚怀孕,丈夫陆更夫同志就被捕了。孩子生下来的第二天,就听到丈夫被杀害的凶讯。在悲痛欲绝之际,帅大姐将她母女从医院接出来,和她住

在一起。帅大姐给孩子做了几件小衣服,给产妇买了鸡蛋、红糖,她还高高兴兴地给孩子起了个名字叫曼曼。曼曼从牙牙学语开始,就亲热地喊帅大姐"外婆"。帅大姐生过一个女儿,聪明伶俐,五六岁就会唱《国际歌》,13岁时被敌人毒死了。她把仇恨埋在心里,把她的爱赐予了一切革命的后代。许多烈士子女从帅大姐那里感受到母爱的温暖。50年代我在驻苏使馆工作,帅大姐多次来信,叮嘱我对张太雷、叶挺、罗亦农、郭亮等同志的遗孤要加意教育,多多关心他们的生活,说他们没有父母管,可怜。好多烈士的孩子都亲热地喊她"妈妈"。60年代初困难时期,从苏联学习回来的这些孩子相约去看望帅妈妈。帅妈妈粮食定量有限,他们各自带了挂面到帅妈妈那里去聚餐。到现在,李鹏、李铁映等同志逢到节日假期还常去看望帅妈妈。帅大姐除了嘱咐他们好好工作,总还要做点他们爱吃的东西。每次到湖南,帅大姐都要把原来在她身边工作过的一位女公务员陈素梅找来,问长问短。知道她喉头有病,就送她到医院检查治疗,接济她医疗费用。帅大姐生活俭朴得很,一日三餐,粗茶淡饭。见别人有困难,总是慷慨帮助。"文革"后补发的两万元工资连同利息一起,上交国库,还几次支援家乡儿童教育事业。"毫不利己,专门利人"这八个字,帅大姐真正是完全做到了。

帅大姐对工作执著、负责的精神,令人感佩不已。她是1930年从莫斯科回国的。回国以后,中央派她到武汉长江局,负责抄写秘密文件。大姐从小读书不多,毛笔小楷写起来十分吃力,很是苦恼。但大姐忠实可靠,这项绝密任务非要她干不可。弼时同志鼓励她说,字无百日功嘛,天天练就会写好的。帅大姐狠下工夫,白天练字,晚上抄写,孜孜矻矻,毫不倦息。久而久之,练出了一笔好字,密写的任务完成得很出色。几十年来,帅大姐一直保持着这种执著、负责的精神。1954年冬天,我从苏联回来,在外交部管人事。帅大姐那时是中央组织部外交外贸处负责人,我们有了直接的工作交往。她选派外事干部,注重政治素质,要求德才兼备。

她认为当大使、参赞、司局长的,第一要政治上可靠,品质好,同时又要能干,有水平,否则要出毛病,误事。对各省市推荐的人选,她都亲自到各省市去,看了档案不算,还深入调查了解,挑选非常严格。她熟悉干部,公道正派,调查又深入,所以看人看得准。遇到选上而各地不肯放的,她就耐心说服他们服从大局。经过中组部挑选合格的干部,她再跟我商量,我也满意的,她才报给周总理。总理细致、慎重,对人过眼不忘,可谓知人善任。总理同意了的,再交外交部党组讨论定下来。每次外交部办公会议讨论干部问题,帅大姐都要求通知她参加,她都准时前来,一起讨论。这样做,的确调配了一批比较优秀的干部充实到外交战线。像耿飚、黄镇、姬鹏飞、潘自力、王幼平等同志,都是那时从地方或军队挑选来的。"文革"以后,我同帅大姐劫后重逢,回忆起这段合作共事的经历,她笑了,说:"我们那时挑的干部,没有哪个坏掉的吧?!"帅大姐就是这样,对党的事业负了责,尽了职,就感到无比的欣慰。

帅大姐最受全党同志敬重的,是她那崇高的气节,坚定的立场,纯粹的党性。1932 年,帅大姐在上海因叛徒出卖而被捕,在生死考验中不愧为女中英豪。敌人对她灌煤油水,连续灌了三次,灌得眼、耳、鼻、嘴七窍都淌血水,左眼失明,她只有一个意念,不要在昏乱中说出同志的姓名。上老虎凳,砖头加到六块,她昏厥了过去,没有吐露一丝真情。敌人又压木杠子,硬是把她的右腿骨压折了,她忍受着非人的毒刑,用自己的血肉保护党的组织。当时,党中央以为帅大姐已经壮烈牺牲,洛甫(张闻天)在 1937 年 5 月中国共产党苏区代表会议的开幕词中,曾将帅孟奇的名字列入大会悼念的死难烈士名单。但帅大姐在难友们的照护下坚强地活了下来,终于在第二次国共合作实现后,释放政治犯时获得了自由。1940 年帅大姐到延安,我又见到了她。她人衰老了,一只眼睛失明了,走路也有点儿瘸,可是她的心还是那么年轻。

帅大姐在对敌斗争中是铁打的英雄,在党内出现风浪的时候,则坚定、

1986 年 1 月 8 日刘英与帅孟奇在武汉

稳健,从不摇摆。有一件事使我终生铭记,钦佩万分。1959 年庐山会议下来,接着又在北京开外事会议,批斗闻天。揭发批判已经远远离开庐山的争论,集中追究的问题之一,是闻天"里通外国"。批判者力图落实,但又苦于没有材料,于是我就成了突破口。大会、小会,硬的、软的,总归一句,要我说出闻天怎样"里通外国"。压力之大,可以想见。有一次,组织三位同志开小会劝我,其中两位是我在莫斯科的同班同学,还有一位就是帅大姐。小会开了半天,那两位老同学反复劝我要站在毛主席一边,对党负责,打消顾虑,大胆揭发。我则反复陈述事实真相,说明闻天最守外事纪律,言行遵照中央指示,说他"里通外国",实在冤枉。我要对党负责,我不能瞎编。在这个会上,帅大姐自始至终没有说一句话。在那样的浪潮中,帅大姐这样做,真是不容易啊。事后果然受到了责备:"你对刘英最了解,怎么一句话都不讲!"帅大姐不避锋芒,回答道:"正因为我了解她,所以我没有话好说。"我从切身体验中认识到帅大姐的品格,在复杂的党内斗争中,她不是随风晃荡的柳条,而是支撑党的大厦的柱石。

这样一位久经考验、德高望重的老大姐,在"文革"中也遭到了残酷的迫害。在那颠倒黑白的年月,造反派竟诬蔑帅大姐是"叛徒"。李伯钊同志写过一本《女共产党员》,叙述帅大姐在狱中斗争的事迹。造反派一边挥舞着这本书一边咒骂,一下打在右眼珠上,又不给治,她的右眼就这样搞坏了。反动派弄瞎了帅大姐的左眼,造反派又打坏了帅大姐的右眼,这伙造反派是什么东西!这还不算,他们又宣布开除帅大姐的党籍,并把这位孤苦伶仃的老太太流放到江西萍乡。在造反派的淫威面前,帅大姐同样没有屈服。她几次向中央申诉,终于在粉碎"四人帮"以后的第二年,我的好大姐又重新回到了党的怀抱。我到北京医院去看她,第一面见到,她直说:"我到处在打听你们的下落,你同闻天一定受了许多罪吧!"

在十一届三中全会上,成立了中央纪律检查委员会。帅大姐被选为中纪委常委,我被选为中纪委委员,我们又经常见面,共同工作。最近两年,我们先后主动要求退了下来,我同帅大姐来往就更多了,开会,找中央领导反映问题,她都喜欢找我一道去。到外地,也是结伴同行。帅大姐风趣地说我是她的眼睛。我当了她的眼睛,也更加清晰地看到她的心灵。她虽然双目看不清楚,可是她的心明亮得很,头脑清醒得很。从职务来讲是退了下来,实际上一刻也没有闲着,一天也没有停止工作,天天在为党和国家操心。

1987年1月3日是帅大姐90岁生日。中顾委要为她祝寿,她知道后决意躲开。刚好我要到广州治眼,她就陪我南行。到广州,到长沙,都有不少干部向她反映情况,要她帮助解决问题。她都一一接待,专心听取。她心里搁不住,回到北京就拉了我一起找领导同志谈。有同志劝她别多操心了,她说:"我是共产党员,能不管吗?"她老而弥坚,好办实事,总要

把问题弄出个结果来,才安心。由于长期在组织部门工作,她对干部情况熟悉,对不正之风深恶痛绝。知道帅大姐的,都愿意找她,或者向她反映意见,或者跟她商量,向她请教。她那条被压折过的腿常常隐隐作痛,可是只要人家找她一谈事情,她就忘了腿痛,心也舒坦了。帅大姐总是愉快的,因为她感到她还能为党工作,为人民办事,她对党和人民有用。人人都在追求幸福。帅大姐在一辈子对党、对人民无私的奉献中得到了最大的幸福。

帅大姐不仅练就一笔好字,还学会了写诗。还在"四人帮"暴虐的严冬,她在萍乡写过一首《咏山梅》:"一度梅花一度春,傲霜战雪迎春来,漫山萌芽向阳发,粗干老梅绿叶生。"我觉得,这首诗托物言志,坚贞不渝而又乐观自信,正是帅大姐伟大人格的写照。在漫山遍岭的梅花丛中,帅大姐正如那遒劲的老梅,傲霜斗雪,昂然挺立,而且绿叶新枝,生机盎然!

(帅孟奇同志于 1998 年 4 月 15 日逝世,享年 102 岁。本文写于 1987 年 7 月)

忆耀邦同志

耀邦同志突然离开我们走了。十天来,我一直沉浸在悲痛之中。一提起耀邦,就止不住心酸落泪。耀邦,你比我小 10 岁,你走得实在是太早、太快了!

我同耀邦相识已经 56 年了。从青年时代到垂暮之年,同他在一起,总是感受到他那火一样的热情。他像一团火,燃烧着自己,照亮着别人。

1933 年 6 月,我从莫斯科回国后被派到瑞金,在少共中央局同耀邦一起工作。他那时才 18 岁,热情豪放,聪明机灵,浑身有一股使不完的劲。下乡征粮、扩红、发展团组织,上来写文件、刻蜡版,样样都干得很欢。战争环境生活很艰苦,粮食不够吃,每人一个小蒲席包,挂上名牌,放进锅里去煮,干粥烂饭,还夹着沙子,直硌牙。缺油缺盐,有时只放一点又苦又涩的硝盐,更不用说吃什么菜了。可是大家都很乐观。在草地上吃过饭后,耀邦和赖大超等常常高唱山歌。耀邦是湖南人,他向江西老乡学习,山歌曲调动听,即兴编的词也出色。同时,耀邦又好学不倦。那时点的是桐油灯盏,油紧张,只能点一根灯草。耀邦不顾一天劳累,总是在昏黄如豆的灯盏下读书读到深夜。他虽然未曾读完初中,但靠刻苦自学,文化知识和思想理论水平都提高得很快。

长征到达陕北瓦窑堡,少共中央局和各机关一样恢复工作,我同耀邦又一道共事。他臀部留着弹片,是在娄山关被敌机炸伤留下的,但满不在乎,还是浑身充满活力。当时分工,耀邦担任少共中央局组织部长,我担

任宣传部长。我感到耀邦能讲会写,才思敏捷,他比我强,提议宣传部长还是他来担任合适。于是我同耀邦调换了工作,充分发挥了他长于宣传鼓动的才能。青救会成立后,耀邦调到抗大,他的才华进一步显露出来,受到了毛泽东同志的赏识。随后,他担任了总政组织部部长。闻天分管过少共,稼祥同志是总政主任,他们都很器重耀邦,称赞他能干,肯用脑子,有能力。

抗战胜利以后,我到东北做地方工作,建国后在驻苏使馆和外交部工作,同耀邦就很少联系了。

同耀邦同志重聚,是在历经坎坷磨难之后的 1977 年 12 月。那时,闻天已经在 1976 年冤死无锡,我经受了从庐山会议到"文革"共 18 年的打击,侥幸活下来,刚刚得到允许返回北京。得知耀邦担任组织部长,就给他写了一封信,说组织部是干部的家,"四人帮"时期干部没有了家,现在你来了,干部又可以回家了。没有几天,耀邦就跑到我家来了。他那时是那么忙,还特地上门来看我,我高兴得不知说什么好。我急不择言地说:"你现在是领导了……"他立即摇手,打断我的话,连声说:"大姐,不能那么说。我们是老战友。我们都是幸存者。"还是那样热情,像一团火。他问我对组织上有什么要求。我告诉他闻天在无锡去世的情况,至今骨灰盒还搁在那间潮湿的破屋子里,能不能挪到"八宝山"?他点头说:"这件事应该立即办!"他关切地问起我的情况。我说:"因闻天而受到株连,说我不揭发闻天是立场不稳,还说我不承认右倾机会主义,态度不好。"耀邦听了气愤地说:"什么态度不好,是实事求是嘛!我也是'态度不好',给我的结论是'三反分子'(指'反党、反社会主义、反毛泽东思想'),我逐条反驳;要我签字,我硬是不签!"他叫我写个材料交给他,说一切诬蔑不实之词应该统统推倒。他问我还有什么困难,我想了想说:"我现在没有书看,听说有个内部书店,能不能给我办一个购书证。"

过了几天,耀邦就让人把购书证给我捎来了。无锡那边,立即派人前去看望。看望的工作人员回来以后,耀邦召开了党组会,经讨论决定应将张闻天的骨灰盒从无锡迁移到北京八宝山公墓。没有想到报上去请求批准时,却被那位办公厅主任卡住。他在报告上批了"不必迁动了"五个字,就此搁置起来。耀邦随即派人把事情经过告诉我,要我耐心等待。直到1978年12月十一届三中全会,闻天才得到平反昭雪。迎回骨灰,开追悼会等事,都由耀邦亲自过问。1979年8月闻天追悼会后,耀邦又批准编辑《张闻天选集》。当闻天诞辰85周年,选集出版前夕,他又在出访南太平洋五国前亲笔题词,指出要学习闻天"毕生勤奋,坚持真理,严于律己,诲人不倦"的突出优点。

为闻天平反,前后历时两年多,耗费了耀邦很多心力。这只是一个例子。在他直接过问下平反昭雪、恢复名誉的老革命家、干部、知识分子有一大批。十一届三中全会以后,我被选为中纪委委员,耀邦是中纪委第三书记。我又一次感受到耀邦那种火一般的性格。那时拨乱反正阻力重重,他针锋相对提出"两个不管"(凡是不实之词,凡是不正确的结论和处理,不管什么时候、什么情况下搞的,不管是哪一级、什么人定的和批准的,都要改正过来),大刀阔斧,雷厉风行地组织与领导了平反冤假错案、落实干部政策的工作。他解救了许多老同志,大家一直感念不已,赞颂他无私和无畏的勇气,迅速决断、敢于负责的胆略,一心为了别人,不知疲倦的工作精神。

去年春节前,我在长沙听老战友说,耀邦那里可以走动,他还惦念着我呢。2月回到北京,我立即去看望他。我自己深有体会,这时候最需要的是同志、朋友的安慰与鼓励。耀邦见到我,非常高兴。他还是那样热情洋溢,嘘寒问暖。他告诉我,在政治局内他没有分管具体工作,这一年多来在家里认真读了点书,正系统地读《马恩全集》。他还称赞闻天是党内有数的理论家,在"文革"被流放那样的逆境中还写下那么多有价值的文章,探讨中国社会主义建设问题,真是不简单。我跟耀邦说:"闻天能够

1993年10月9日在江西胡耀邦墓前

甘于寂寞。没有工作就自己找工作做。他除了看书学习之外,还坚持搞调查研究。你一向联系群众,深入实际,有丰富的工作经验,现在仍然可以下去走走,搞些调查研究,还是可以对党、对人民有贡献。"他同我倾心交谈,非常亲切。

今年3月23日,我带福建搞青运史的同志去拜访耀邦。他见到几位年轻人,高兴得很,一一询问他们的姓名、工作情况,亲自挑橘子递给他们吃。我见耀邦瘦了好多,问候他的健康。他告诉我,年前到湖南搞调查,着凉感冒,引起肺炎,发高烧,经治疗退烧以后,又复发一次。两次打击,体重减了3公斤。以后就到南宁休养了一段时间,因参加人代会赶回北京。谈到调查情况,他面上掠过一丝愁云,不无忧虑地说:"这次我到湖南一些比较偏僻的地方去调查,了解不少基层情况,改革要深入下去,要战胜许多困难啊!"后来回忆起当年在中央苏区少共中央局的生活与工作,情绪又高起来,好几次耀邦爽朗地笑了。福建的同志是带了录像机去的,请求耀邦同志向老苏区青年讲几句话,拍一段录像。耀邦摇摇手,说不用了。福建的同志还想争取,说:"丕显、刘英等少共中央局的老同志都拍了……"耀邦坦诚地说:"我现在的情况不一样。"我连忙说"留待以后再说吧"。他们又提出请耀邦题词,耀邦也推辞不允。几个年轻人怀着对耀邦深深的敬意最后请他签名,他答应了。为他们一一挥笔写下自己的名字。本来我想等福建的同志谈完走后单独同耀邦聊一会的,看他已经有点疲倦了,心想下次再来吧,就一起告辞。临走的时候,耀邦又带我到里屋看了病着的李昭。他示意让李昭拿什么东西。他看了李昭拿的东西似乎不大满意。我听李昭跟他说:"没有了,就有这个了。"我连忙说:"耀邦,你不要送我东西。"他已跑到我身边,把装在盒里的一支人参捧到我面前:"没有好的,送给大姐补补身体。"我推辞再三,他反复说:"大姐多保重!这是一点心意。"他永远是这样,关心别人胜过关心自己。我万万没有想到,3 月 23 日的相聚竟是最后的一面。这一次分手,成了永诀。

　　耀邦过早地离开我们走了,我沉浸在悲痛之中。56 年交往中耀邦的音容笑貌像一团团炽热的火,在我的心头闪耀。我想,耀邦的生命之火熄灭了,但是他的精神之光,将会永远照耀我国青年一代奋发向上。

（写于 1989 年 4 月 24 日）

我所知道的陈云

一、与陈云相识

我与陈云相识是在 1933 年的中央苏区。那时,他在苏区搞工人运动,是中华全国总工会苏区中央执行局的党团书记、副委员长,委员长是刘少奇。陈云当时住在中共中央局,那是一栋老百姓的房子,住在里面的还有博古、李维汉、张闻天等。我当时在少共中央局当宣传部长,"扩红"后又当组织部长,时常要去中央局向李维汉汇报工作,所以,总能碰到陈云,就这样和他认识了。陈云很和气,平易近人,一点架子也没有。他与闻天、潘汉年都是上海一带的人,谈话也投机,关系比较好。他很爱打乒乓球,晚饭之后,他常和闻天、潘汉年一起打乒乓球。

二、陈云在长征中

遵义会议后,陈云接替李维汉担任地方工作部部长。地方工作部是红军总政治部之下的一个工作机构,主要任务是发动群众,建立党和政府,打土豪,分东西,安排伤员。当时我也在地方工作部,在陈云领导下工作。记得有一次,陈云半夜把我喊醒,原来是前方有几个伤员转移下来了,伤势很重,必须寄养在老百姓家中。我那天很累,但马上起来,去与老百姓联系。由于红军沿途打土豪、分粮、分衣给老百姓,因此,老百姓很拥护我们,都把红军看成自己的队伍。我们留一些银元和贵重物品给老百姓,托他们照顾伤员,他们很愿意帮忙。

陈云当地方工作部部长时间很短,以后,又是李维汉当地方工作部部长。陈云是政治局委员,但长征期间中央没具体分工他管哪一方面的工作,因此,是一个机动干部。哪里需要人,中央就派他到哪儿去。毛主席等中央纵队的领导同志认为陈云很有能力,善于指挥,部队也信服他。所以,哪里需要,就派他到哪里,就像政治局的一个代表。红军大队人马过大渡河、金沙江时,都是陈云指挥的。

长征中,中央的各个部门组织在一起,统称为"红章"纵队,也称后梯队。"红章"纵队从苏区出发时,带了许多辎重,影响了部队的行军和作战。遵义会议后,陈云代表中央对"红章"纵队进行了整编。他是一个实干家,有组织能力,有魄力,有威望,对工作要求很严。整编时,他坚决执行毛主席和中央的方针,有问题就向中央汇报,得到中央同意后,就大刀阔斧地干,彻底打掉了"红章"纵队的坛坛罐罐,该扔的扔,该埋的埋,使部队得以轻装。他还把强壮的人员充实到前梯队的战斗部队中去,大大缩减了后梯队的负担。

三、处理陈云留下的东西

过泸定桥后,大约是6月份,陈云受中央委派,在四川党组廖志高等人的安排下,一个人秘密前往白区。他走时只有很少几个人知道,为了保密,连自己的亲人也没告诉。他的亲人在长征结束后,都不清楚他去哪里了,直到陈云1937年底由苏联回到延安,才知道他还活着。

陈云离开时,我在中央队任秘书长。办的第一件事,就是处理陈云留下来的东西。长征出发时,中央规定政治局委员每人一担行李,四个警卫员。这担行李就是两个洋铁皮箱子,里面装文件和衣物。我请示闻天,如何处理陈云的行李。他说:"陈云同志走时,交待把帐子留给他,文件就放到中央的文件箱子里去。其他的东西,转交给他的家人。"我一一照办了。

四、在兰州与陈云相遇

1937年11月,我和贺子珍、钟赤兵、蔡树藩等人前往苏联治病。我

们从延安乘车出发,经西安办事处去兰州,准备在那里转乘苏联的军用飞机去莫斯科。正当我们在兰州办事处等待飞机,刚从苏联返回的王明、康生和陈云一行乘坐的飞机也在兰州降落。陈云要到兰州办事处找谢老(觉哉)接头,请他们告延安,让机场出示信号,以便迎接飞机安全着陆。陈云向我们表示了慰问,并给我们每人100美金,作为生活津贴。美金我们没有留,都交给了组织。临别前,我拜托他给闻天捎个信,他痛快地答应了。

五、陈云在东北

日本投降后,我们向东北进军,陈云、彭真是先去东北的,我和闻天、高岗、李富春等11人是后去的。我们去时,先到了沈阳,在那里,闻天、高岗、凯丰参加了东北局的一次常委会议。会后,高岗对闻天说,我们到北满找陈云去。于是,我们就搭拉煤的火车,于1945年11月27日到了哈尔滨。闻天、高岗和陈云三人共同研究了东北的局势,一致主张放弃中心城市,到农村去搞群众工作,在铁路两边建立根据地。他们讨论时,我也在场。他们在陈云主持下起草了致中央的电报,即《对满洲工作的几点意见》。这个电报得到了中央的同意,起了很重要的作用。12月28日,毛泽东代中央起草了《建立巩固的东北根据地》的指示。这个指示的精神,正是陈云等所极力主张的。

我和闻天是12月初离开哈尔滨的,离开之前,和陈云他们一直住在一起。我们走后,他们才走。那时,哈尔滨有个苏军中将,陈云让闻天去见他,向他要电台、枪支和其他物品。闻天完成这个任务后,我们就到牡丹江去了。到佳木斯的时间是12月7日。

后来,我在佳木斯又遇到过陈云。那次是1946年底他由哈尔滨乘火车绕道朝鲜去南满,中途路过佳木斯。当时南满形势吃紧,党内发生了争论。陈云主张坚持南满,闻天支持陈云的意见,中央认为陈云是对的。在陈云的努力下,南满坚持住了,这对扭转东北战局起了关键作用。

1980 年 4 月陈云与刘英在杭州

六、陈云和张闻天的友谊

陈云和闻天意气投和,非常要好。东北解放后,陈云是财经委员会主任,闻天是副主任。他们配合得很好,都主张按经济规律办事。

1951 年,我和闻天派驻苏联。陈云去苏联访问时,来看过我们。陈云和闻天在留学生等问题上意见很一致。闻天对陈云说:"我不想搞外交,想搞经济工作。"陈云说:"我赞成呵,可毛主席不同意呵!"

1959 年庐山会议之前,闻天在底下做了许多调查研究。他去找陈云谈,陈云赞成他的意见,并说:"恐怕用三年时间,经济也恢复不过来!"

党的十一届三中全会后,中央要补开闻天的追悼会。那时,陈云恰好在杭州休息,胡耀邦打电话给他,问张闻天的追悼会,是由他主持,还是由他致悼词。陈云答复说:"我主持也行,致悼词也行。但你要推迟一点,等我回北京。张闻天的追悼会,我一定要参加!"后来,为了等陈云,闻天

刘英与朱佳木在党的第十五次代表大会上

的追悼会推迟了一段时间。追悼会由陈云主持,小平致悼词。陈云见到我很高兴,以后就把我调到中纪委去了。

（写于 1992 年 5 月 6 日）

一个博学而又谦虚的人
——忆乔木同志

　　在我同胡乔木同志几十年的接触和交往中,我觉得他是一个博学而又谦虚的人。

　　1937年11月,我和钟赤兵、蔡树藩、贺子珍等一起赴莫斯科治病。病好后,1939年初中央来电,通知我和蔡树藩回延安。走之前,经过弼时同志安排(他是我党驻共产国际代表),到共产国际见了季米特洛夫同志,到少共国际去作了一次汇报,还多次到共产国际交通部去,带回一套密码。1939年3月回到延安后,我向毛主席等转致了季米特洛夫的问候,也告诉青委负责人冯文彬同志我到少共国际作过一次汇报。乔木同志知道后,同冯文彬一起来问我详细情况。先前我和乔木可能见过面,但印象深的是这一次谈话。他也是刚随青委迁回延安。1937年夏他从上海来延安后,不久就到安吴堡协助冯文彬同志办青训班。在1938年8月的西北青年救国会第二次代表大会上,他被选为宣传部长,主编正在创办的《中国青年》。

　　我向少共国际书记和执委汇报的主要内容,是中国的CY(共产主义青年团)改组为青年救国会的情况。我在中央苏区时就是少共中央局的组织部长。长征到达陕北后,我回到少共中央局担任宣传部长。瓦窑堡会议决定实行广泛的抗日民族统一战线策略以后,青年团就开始转变工作方式,克服关门主义、第二党倾向,8月政治局会议确定逼蒋抗日方针、

提出民主共和国口号以后,正式决定取消共产主义青年团,成立青年救国会。这样做的结果,是把青年组织改组为非党的、群众的组织,把一切反对法西斯的分子都包含在内,青年的抗日救亡运动得到更广泛、深入的发展。这一策略转变的过程,我是亲身参加的,我向少共国际的负责同志作了具体介绍。乔木等同志特别关心少共国际对中国青年工作有什么指示。我告诉他们:少共国际的领导同志听我汇报后表示,各个国家有各个国家不同的情况,中国同志按照中国的国情办事,取消共青团,成立青救会是必要的。没有作别的什么指示。

这一次交谈,乔木问得很仔细,对我这个老青年干部很尊重,给我留下的印象,他是一个很谦虚的人。

后来,乔木同志调到毛主席身边工作。他有时还是来找闻天商量事情,请教问题。1943年闻天离开中央主要领导岗位,负责政治研究工作,我们都住在枣园,同乔木同志朝夕相处,经常交谈。闻天同乔木讨论问题,有许多共同语言。两个人涉猎都很广,英文也都好,可以上下古今,海阔天空,纵意而谈。譬如讨论哲学问题,可以谈到逻辑,什么同一律、排中律、选言判断、假言判断,乔木都能说上一通;还可以联系到高等数学,概率轨迹、复变函数什么的,论证一番。闻天跟我多次说过,乔木很渊博,读的书多,记性又好,是个不可多得的人才。乔木虚心好学,成为一种习惯。他得知闻天有一本自己做的大事年表式的中国革命纪事,就借去看。多少年后还说,党内有些事就是首先从这里了解到的。"四人帮"倒台后,乔木同志还向我问起过这本纪事,意思是还想找来看。听说这本笔记和其他一些材料,在1947年胡宗南进攻延安的紧急情况下管材料的同志不得不把它们烧掉了,他十分惋惜,说这实在是一个极可痛惜而无法弥补的损失。

抗战胜利后,闻天和我离开延安到东北做地方工作,新中国成立后又到外交战线,同乔木同志没有多少直接的接触,但他一直保持着对闻天的尊重和关心。

1959 年庐山会议前期,乔木同闻天一起议论过怎样克服当时的错误。他知道闻天有话要说,但在彭老总的意见书印发以后,他知道有许多话不好说。为了保护闻天,他特意打电话跟闻天通气,要他大炼钢铁的问题不要说了。这在当时党内生活不正常的情况下是要冒很大风险的。事后听说,我很感激。

庐山会议闻天受到打击以后,我们和乔木就没有什么联系了。"文化大革命"中,我们被遣送到肇庆。1974 年 7 月我获准到北京探亲,在医院遇到乔木,他很关心闻天,问我们身体和生活的情况。1976 年 9 月,毛主席逝世。叶帅亲自批准我可以瞻仰毛主席遗容。我从无锡到了北京。又是在医院看病时遇到乔木同志。他关切地问我:闻天同志近来怎样?我告诉他,闻天已经在 7 月 1 日去世了。他听了惊得一时说不出话来。因为那时是"四人帮"控制舆论,闻天逝世后,只在江苏省《新华日报》最不显眼的位置上登了一则几十个字的消息,中央报纸一概缄默。

也是这次回京,见到王震同志,他生怕闻天在"文革"中写的文稿有闪失,表示可以交他代为保管。此后不到一个月,"四人帮"恶贯满盈,被抓了起来。不久,王震同志就把闻天的这些手稿交给乔木和力群研究。乔木对这些探讨社会主义基本理论问题的文稿非常看重,认为虽然难免有当时历史条件下的投影,但总体上看,方向是正确的,有许多创见,充分表现了闻天同志非常可贵的理论上的勇气,说明他具有不迷信、不迎合、实事求是、追求真理的唯物主义精神。在 1978 年 8 月中央为张闻天举行追悼大会的时候,《人民日报》发表张闻天论述社会主义时期政治经济关系和论述党内斗争要正确进行的两篇文章,就是由乔木和力群两位同志指导整理的。

追悼会后,邓力群同志主持编辑《张闻天选集》,乔木同志对这件事也很关心。对有的文章还亲自作了鉴定。在编辑《遵义会议文献》时,他

特地从中央档案馆调阅了闻天 1943 年写的几万字的整风笔记,从中选出
《从福建事变到遵义会议》一篇,编入这本有纪念意义的文集。在闻天诞
辰八十五周年的时候,他不顾自己眼疾严重,在医院里坚持写好一篇怀念
闻天的文章,回忆了他在同闻天交往中受到的教益,对闻天的功过是非、
优点弱点,作了恰如其分的分析和评价;特别赞扬闻天"敢于独立思想,
敢于独立地系统地提出和坚持自己正确的政治见解和理论见解",认为
这是闻天"品质高尚之处"。乔木同志是了解闻天的。他为恢复闻天在
历史上的地位做了许多切实的工作,我是很感激的。

　　乔木同志在党史方面是权威。他编过《六大以来》、《两条路线》,写
过《中国共产党的三十年》,两个历史决议他都参加了起草,可是他并不
满足,仍然很谦虚。1991 年 8 月,他在北戴河还专门找我谈党史上的一
些重大事件。那时他身体已经很不好,正在写回忆 40 年代和 50 年代的
毛泽东。我们都住在北戴河西区。8 月 6 日上午,乔木和夫人谷羽同我
在海滨的二浴场谈开了。他让女儿胜利做记录,我的秘书用录音机。我
从中央苏区谈起,谈到博洛的矛盾,毛洛的合作,长征路上的斗争,我同毛
泽东、张闻天、博古、王稼祥、邓小平等的关系和对他们的评论。他听得很
有兴趣,不时还插一点问题。不知不觉一个小时过去了。谷羽怕他累了,
说好明天还是这个时间还在这里再谈下去。8 月 7 日上午又谈,讲到了
遵义会议以后军事指挥的变动,毛主席指挥四渡赤水的胜利,会理会议上
的矛盾斗争,讲到一、四方面军会合后怎样做张国焘的工作,以后又怎样
发现危险而一方面军不得不单独北上。谈了一个多小时,觉得还有问题
需要讨论,约好下午再谈。下午 3 点,我在我住的二十一楼接待乔木同
志。我们又谈了一个半钟头,主要讨论第一代领导集体主要成员之间的
配合合作和相互矛盾。乔木同志一直在思考这个问题,得不到完整的答
案。我当然也只能根据我的观察和了解,说一点个人的看法。

　　回北京后,我让秘书根据录音整理了一份记录,给乔木送去。没有想

到乔木同志是那么认真,他把女儿做的记录亲自作了修改,又同我送去的记录两相对校,后来又把改定的一份记录送给我过目。这样博学的人竟是这样谦虚、认真,我深为钦佩。

从我亲身接触的乔木同志晚年的这一件事,我感到,乔木同志的博学是来自他的谦虚,也许,正因为博学,因此也就更加谦虚吧。

(1992 年 9 月 18 日,胡乔木同志因病逝世。
本文写于 1997 年 1 月 21 日)

患难之交情最真

——忆尚昆同志

（1998年）9月8日，得知杨尚昆同志病危，我感到震惊，他虽已高龄，但身体一直硬朗。去年春天，我到他家里，请他为我的回忆录作序，他欣然同意。我们共同回忆历史上的往事，他的记忆力之好，令我钦佩。去年夏天在北戴河，听说他下海游泳二十多次，身体之好，可想而知。怎么会突然病危？我急匆匆赶到医院。他刚经抢救，平静了一点，但还没有清醒过来。我轻轻叫他一声，他听不见。我又大声喊他，还是没有回应。我忍不住流下了眼泪。后来听说，病情似乎有了转机，我心里不由得生起一线希望。没有想到，不幸的消息来得这样快，尚昆同志已经离我们走了……我们党、国家和人民为失去一位伟大的无产阶级革命家、政治家、军事家而悲痛，作为比他年长两岁的老战友，我心里感到无比的哀伤。

早在20年代末，我同尚昆同志就认识了。1929年我到莫斯科劳动大学学习，同李伯钊同志同住在女生宿舍。那时尚昆同志已经当上教员，常来我们宿舍找伯钊。大家知道他俩出国前就是一对，免不了要开他们的玩笑。

真正对尚昆同志熟悉了解，并成为交情深厚的战友，是在我同张闻天结成伴侣之后。闻天同尚昆的四哥杨闇公就是至交。1924年秋，闻天到重庆教书，宣传革命思想，遭到旧势力的攻击。杨闇公是四川党组织的创建人之一，组织党团员支持张闻天。1925年5月，重庆军阀下令驱逐张闻天。为安全起见，杨闇公把闻天接到二府衙17号家里住了一段时间。

1926年11月杨尚昆到莫斯科中山大学,早去一年而且已经担任翻译和助教的闻天,当然对他的学习、生活和工作给以照拂。他们的友谊,更因为在革命斗争中同生死、共患难而发展、加深。1931年1月,闻天和尚昆两人结伴回国。他们一起穿越西伯利亚,在绥芬河秘密越境,经哈尔滨、大连到达上海,历经艰险,走了一个来月。从上海到瑞金,闻天和尚昆几乎一直在一起工作,他们合作得很好,直到尚昆同志调到军队工作。以后,又一起踏上长征路,一起参加遵义会议,纠正"左"倾军事路线错误,一起同张国焘分裂活动作斗争,一起抗日……

共同战斗的峥嵘岁月说不完,患难之交的战友真情最难忘。

1959年在庐山会议上,张闻天的忠言直谏惹下大祸。他和彭德怀、黄克诚、周小舟受到错误批判。会后,闻天离开了外交部领导岗位。他要求换掉原来的轿车,说既然不做工作了,沿用原来的配备就属浪费。尚昆同志当时是中办主任,他当即答复:闻天同志政治、生活待遇一律不动,他还是中央政治局的候补委员嘛!外交部办公厅还专门召集闻天身边工作人员开会,要求他们一如既往做好服务工作。那时很多人见了闻天都回避,更没有什么人敢到我们家来。尚昆敢来,在公开场合遇到我,也总是主动走到我跟前,问闻天的近况。我和闻天深为感动。

对闻天的批判也殃及到我。火力很猛,集中攻击闻天"里通外国",要我揭发。一时之间,我成了外事系统批判的靶子。所谓"里通外国"本是无中生有的事,我是老党员,总不能捏造事实。于是说我态度顽固,右倾,甚至说我猖狂攻击毛主席,要定我"右倾机会主义分子",开除我的党籍。这时,我们想到了尚昆。我找到尚昆同志,问他该怎么办。他很同情,说:"我们不能搞株连九族。你给毛主席写封信,把情况说一说,我替你送。"过了几天,尚昆同志对我说:"你的信毛主席已经批示,并批给刘、周、陈、邓传阅,你放心,你没事。"这才拿掉了"分子"二字。我和闻天对尚昆非常感激。

1960 年冬,闻天到经济研究所当特约研究员。1962 年七千人大会使闻天受到鼓舞,他想到基层作经济问题调查,写了一个报告请示中央。时隔不久,尚昆来电话,说中央已经同意了。想当初,1942 年春节前我们出发到陕北、晋西北作农村调查,尚昆同志在杨家岭给我们送行,20 年后的 1962 年,又是他告诉了令我们高兴的可以下去调研的消息。从 4 月至 6 月,我陪闻天在江苏、上海、浙江、湖南调查了两个多月。出发归来,闻天写了关于进一步开放集市贸易的意见。这篇调查报告也是通过尚昆转给党中央和毛主席的。

"文化大革命"开始不久,我们的正常生活就受到了影响。先是吊销了闻天的"供应卡",接着就撤掉了内部电话,后来又搬走了煤气罐,取消了小轿车。这时我们又想起了尚昆同志。一打听,他已经不在中央办公厅工作了,调到广东去了。到冬天,暖气也停了。闻天已经年近七十,血压很高,心绞痛不时发作。向有关方面反映,不予理睬,只好烧煤球。在严寒的冬天,室内温度常在零下几度。那些日子,我们谈起尚昆同志,不由得念叨:尚昆落难,我们也更加遭殃。

十一届三中全会后,党中央为张闻天和杨尚昆彻底平反,恢复名誉。我和尚昆在北京重逢。他被监禁了 12 年,依然是那样豁达、乐观、谈笑风生。这时,他才知道闻天已经去世,没有看到粉碎"四人帮"的胜利。

1980 年秋,尚昆回中央工作以后,我们的交往又多起来。他知道我最关心的是闻天著作的出版,以及闻天生平业绩的搜集、整理。这些年我没有少麻烦他。他很忙,但对我提出的要求总是有求必应。

1983 年编辑《张闻天选集》时,在 1932 年的《斗争》上发现了署名"歌特"的两篇重要文章。选集组的同志初步考证"歌特"是张闻天的笔名,但没有把握,向尚昆同志请教。他仔细阅读了有关材料,很快给我回信,说明歌特两篇文章中写到的问题,当年闻天在上海同他谈过多次,到中央苏区后他写的一篇转变宣传工作的文章,就是按闻天的指导思想写的。他肯定"歌特"是张闻天的笔名。收入这两篇文章加重了选集的分量。

1985年为纪念闻天诞辰85周年,我约请他写一篇回忆文章。当时他正主持裁军100万,十分繁忙,伯钊同志又在那时不幸逝世,但他还是抽出时间,写了一篇内容丰富、情长谊深的文章。1990年闻天90诞辰,他又以国家主席的身份撰文纪念。去年又为我的回忆录写序,再次回忆和评价了闻天的一生。从尚昆同志的这些文章中,我才知道:在遵义会议上,是张闻天第一个起来作反对"左"倾军事路线的报告;遵义会议上形成比较一致的意见是由闻天代替博古任党中央总负责人,由于闻天再三推辞,才延迟了二十多天。这些历史的真相,以前没有人说过。在对待历史的问题上,也充分表现了尚昆同志解放思想、实事求是的精神。

杨尚昆(右一)同刘英(右三)谈遵义会议的情况。右二为程中原

(朱文英摄于1997年3月22日)

尚昆对老战友的后代非常关心。1996 年 4 月 8 日,是"四八"烈士王若飞、秦邦宪、叶挺、邓发遇难 50 周年。尚昆同志以 90 高龄,专程赶赴延安参加纪念会。他后来对我说:这样重要的活动,怎么能不去? 会后,我得知他在延安向烈士子弟和老战友子弟详细讲述了"四八"烈士遇难经过,缅怀他们的革命业绩,对年轻一代进行了生动的传统教育。晚辈非常感动,称他是"健在的革命老爸爸"。

尚昆同志走了,但他对战友和后辈的真情,同他的贡献和业绩一起,永驻人间。

（写于 1998 年 10 月 7 日）

我与李立三相识

　　1928年初,湖南省委书记王一飞同志牺牲后,省委遭到破坏,省委只剩下何资深(组织部长)、林蔚(秘书长)和我三个人。由于同上海党中央的交通线断掉了,需要派人去联系,何、林二人在家里离不开,当时我是省委的候补委员,他们派我到上海去找党中央。我到上海找党中央的具体任务:一个是要人,要个省委书记;再一个就是要钱,湖南省委的经费没有了。我路经汉口的时候,遇到湖北省委书记郭亮。郭亮告诉我,党中央派李维汉到湖南巡视工作,途经汉口,现住在长江饭店。当天晚上,我在长江饭店见到了李维汉,向他汇报了湖南省的情况。李维汉当即决定,让与他一起来的团中央宣传部长刘昌群同我一起去上海,并交代我到上海后住在他家里。

　　我到上海后,按照李维汉的嘱托,作为李维汉的姨妹子,住在李维汉的家里。李维汉从湖南回到上海后就与党中央联系,首先找到周恩来。那时,党中央总的负责是向忠发,但实际上是周恩来负责,所以就找到周恩来。随即,周恩来带着我向党中央的一些同志及中央机关汇报了湖南的情况。王一飞同志牺牲,他们很关心。王一飞同志是中央委员,是党中央派他去湖南的,去的时间不长就牺牲了。他们很怀念他。见到瞿秋白同志、恽代英同志、周恩来同志,我向他们汇报了一些情况。我与周恩来接上头后,周恩来就经常来。由于李立三分管湖南省委工作,因此他也常到我这里来。我把湖南省委的情况汇报后,他们对湖南问题进行了研究,

认为湖南省委不能在湖南立足了,于是湖南省委搬到上海,叫湖南委员会,我就留在湖南委员会工作了。那时党中央主要是周恩来、李立三、罗迈(李维汉)他们三个人在那管事,我接头的就是这三个人,所以同他们比较熟。李立三经常到湖南委员会来开会,我和郭亮的爱人李灿英在一个机关里面,同李立三比较熟。我了解李立三,是由于李立三在湖南安源搞工人运动,我也搞工人运动。李立三同刘少奇是最早在安源搞工人运动的,而且他在那里做得轰轰烈烈,很有影响,所以对李立三我们湖南是比较了解的。大革命时李立三到武汉去了,后来就到党中央工作了,这样同他没有联系了。这一次碰上他管湖南工作,感到非常亲切。

李立三这个人很平易近人,工作也是泼泼辣辣的。我对他印象不错。1929年党中央送我到苏联去学习。在中国劳动者共产主义大学学习时,我才听说李立三犯了"左"倾错误,把他的工作撤掉了,调他到共产国际职工委员会来了。知道李立三犯了错误到苏联来,我再见到他时已是1931年了。我在那里学习时,李立三住在赤色职工国际的招待所,刘少奇也住在那里。我知道李立三倒霉了,就去看他。李立三告诉我,他犯错误了,现在调到这里休息。他要我给他找点俄文书,我说行啊。这次看到他也还是挺好的。他还要学习马列主义的书,我也给他找一点,他还找了一个翻译。此后,一有时间我就去看看他。

李立三从苏联回国,他是怎么从苏联回来的呢,说起来也很糟糕。李立三在苏联时,苏联搞肃反。本来他在职工国际搞一点工作,苏联肃反时,听说他夹着一个公文包,坐公共汽车时包被人家偷掉了,失密,说他是政治问题。苏联肃反搞得是很"左"的。结果又把他关起来了。这次关起来,王明也很坏。王明在共产国际当代表,他到苏联后,不但不保李立三,还在共产国际添油加醋的,所以李立三就出不来,一直在狱中。李立三坐牢时举目无亲,没人管他,就靠李莎,所以他同李莎是患难朋友,靠她送点东西,探探牢,生活上的东西都是李莎帮他,共产国际也不管他,中国代表团王明也不管他。1938年,我到苏联去治病,那时代表团有任弼时,陈潭秋也在那里,我就向他们打听李立三的情况。他们说你不要问,他是苏联肃反押起来的,我们不敢问,问了我们也要受牵连,所以只晓得李立三是被苏联囚禁了,具体情况不知道,就靠李莎。后来李立三怎么回国了?七大时毛主席、周恩来他们认为李立三完全是冤枉的,肃反时没什么政治问题的。李立三是个老共产党员,职工运动贡献是很大的,跟刘少奇是同时期的,刘少奇也证明他嘛,这样把他选为中央委员。选为中央委员当然就回来了,共产国际就没有问题了,你们中国党认为他没有问题嘛,因此他就要带李莎回来,他是很感激李莎的,所以他就回来了。"文化大革命"时,陈昌浩也是俄国妻子,有俄国妻子的都要送回苏联去,因为同苏联的关系搞坏了,认为苏修分子要颠覆中国了,那时这些人都不敢留在中国,都是"苏修分子"回国了。李莎没有回苏联,李立三也不让她回去。李莎是很坚定的,所以"文化大革命"时就挨整了,说她里通外国,其实她只是回去探了一次亲。那次探亲的都没有回来,知道回来也没有好事情,就是"苏修分子",是赫鲁晓夫派来的,讲不清楚,那时有理也讲不清,所以李莎一直在坐牢。直到党的十一届三中全会,胡耀邦把她保出来,因此李莎很感激胡耀邦。胡耀邦曾说过,李莎有什么问题,这个同志是很坚强的,一直是教俄文的专家。后来,因为孩子多,家里房子不够住,胡耀邦又给她在木樨地分了一套房子。

郭绍棠于1928年9月被共产国际东方部与联共中央选送到苏联红色教授学院学习。此后,他一直留在苏联,在苏联马列主义经济研究所当主任。1958年,刘少奇同意他回来,还在天安门观礼台上观礼过。他到中国作了一些调查,了解中国的经济,同张闻天等人都见了面。后来有人诬陷郭是苏联赫鲁晓夫派来的特务,到中国来搞情报,所以和他接近的人都受连累了,经济所的孙冶方、张闻天、李强都牵进去了,说是里通外国,供给郭绍棠材料。经济材料一般是了解人民公社的材料,调查的嘛,也不

是特别的材料供给他。同时苏联方面也认为郭是里通外国,把苏联的材料搞到中国来了,于是郭绍棠在苏联就挨整了,后来苏联给他平了反。党的十一届三中全会以后,1985年,郭绍棠来到中国。这时他已经80岁了,想到处走走,他是浙江人,到家乡去看一看。郭绍棠80岁生日时,胡耀邦、杨尚昆请他在国际俱乐部吃饭。同时,胡耀邦、杨尚昆也将我们这些曾经被郭绍棠一事牵连进去的人一同请去,李强、我、李莎去了。吃饭时,郭了解了中国经济问题,当时翻译翻得不好,后找了阎明复当翻译。我听到胡耀邦问李莎,你现在有困难没有,李莎说现在就是房子不够住。可能是孩子多。胡耀邦说那就再给一套吧,当即就批准了。胡耀邦对这些受过冤枉的同志非常关心,他也了解李立三,所以他也很同情李莎,觉得李莎非常坚定,不容易啊,在中国坐牢那么多年,出来还那么坚定,也没有回苏联去,自己带着几个孩子,所以他就要照顾她。我知道的情况就是这些。

（写于1999年8月26日）

对潘汉年同志的片断回忆

我认识潘汉年同志是在中央苏区。

1933 年 6 月,经过长途跋涉,我从莫斯科回到瑞金,分配在少共中央局工作。潘汉年同志比我先到,在党中央局担任宣传部副部长。部长是洛甫(即张闻天)兼任的。他们在上海时就很熟,潘汉年负责文委工作,洛甫是分管这方面工作的临时中央常委。少共中央局的驻地在下霄区,离党中央局很近。记得刚到瑞金不久,洛甫给我打来一个电话,说今天我们要打你的"土豪"。那时从外面回苏区的人,组织上都发给一笔路费,能余下几个钱,拿出来请客吃了,叫做"打土豪"。这天下午,我同少共中央局的几个同志就到他们那边去,约了十来个人,到县城馆子里吃了一顿。不过是熬豆腐、红烧肉之类,却感到是莫大的享受。这十来个人中间就有潘汉年。大家并不喊他名字,都亲切地叫他小开。后来我才知道,这个雅号还是 20 年代他在创造社出版部时得的。他自己说是小伙计,人家则给他升格,说他是未来的老板——小开。

那时大家都年轻,每天晚饭前后,常聚集在树下草地上唱山歌,还爱搞点体育活动。爱打篮球的,吆喝一声就上球场去了。小开和洛甫、陈云爱打乒乓球。宣传部和组织部在一个小楼里办公,洛甫、小开住楼上,博古、陈云住楼下,楼下客堂间里用方桌子拼成球台。我去看热闹,他们总要喊:"刘英,来一盘。"那时生活很艰苦,但大家亲密无间,精神很愉快。

汉年同志是从文化人成为革命家的。他英俊潇洒,忠诚积极,精明能

干,是洛甫的得力助手。1933 年秋天,十九路军响应我们党共同抗日三条件宣言,派代表来苏区谈判共同反蒋抗日。汉年同志是红军和工农政府的全权代表。他同十九路军的代表徐名鸿、陈公培谈判了一个多月,草签了抗日作战协定,并作为我方驻福州代表赴闽。不久就爆发了"福建事变"。汉年同志从事外交和秘密工作的才能,这时就为党内同志所称道。其时我被派往福建团省委巡视工作,以后又留在那里担任团省委书记。汉年同志的这段经历,是后来听说的。

在 1934 年 5 月扩大红军工作中,我同汉年同志有过一次深谈。

1934 年 4 月,在"左"倾错误路线的指挥下,广昌战役拼消耗打硬仗,伤亡很大。广昌失守,第五次反"围剿"形势很不利。为了支援前方,扩大红军成为当时的中心工作。中央抽调一批干部担任"扩红"突击队队长,到各县去工作。我被派到于都,汉年同志被派到杨殷。在各县任突击队长的还有王首道、陆定一、金维映等同志。杨殷县是赣南的一个边县,为纪念 1929 年与彭湃一起牺牲的杨殷烈士而设。这个县紧挨着白区,红白交错,来回拉锯,情况很复杂。与根据地中心区不同,这里党的影响比较薄弱,群众对我们还不大了解,加上国民党特务活动很猖獗,造谣不说,还搞暗杀,杀害我红军家属。所以"扩红"的困难很大。当年负责领导"扩红"的是李维汉同志,汉年同志到杨殷开展工作,了解实际情况后,就如实向他反映。说当地群众听说"扩红",不少壮丁跑上山去了,还有的跑到白区去了,在这样的情况下,分配的"扩红"任务很难完成。他还提出,要求边县像中心区一样完成"扩红"任务是不可行的。李维汉同志听后,就说潘汉年右倾,把他的突击队长给撤了。汉年同志被撤职回瑞金,路过于都,他来看我。他很不平,对我说:"下面的实际情况不反映行吗?反映了就说我是右倾机会主义!"

不过这一次撤职并没有对发挥汉年同志的才干产生多少不利的影响。党中央不久就作出决定,红军主力要撤离中央苏区,作战略转移。在西征行动之前,为减少阻力,避免不必要的伤亡,红军同粤军陈济棠进行停战谈判。这次谈判,红军方面的全权代表又是潘汉年同志。中央红军过第一、二、三道封锁线,没有遇到多少阻挡,没有多少伤亡,同谈判成功是有关系的。

我同汉年同志真正在一起工作,是长征途中在地方工作部。

我是在遵义会议后不久调到地方工作部的。这里聚集了一批善于做群众工作、能说会写的同志,其中就有潘汉年。男同志还有贾拓夫、吴亮平、谢唯俊、王观澜等,女同志有蔡畅大姐和阿金(金维映),部长是罗迈。地方工作部主要是做群众工作,每到一地,打土豪,分浮财,发动群众拥护红军。还有一项是安置伤病员,伤得比较厉害没有办法跟着走的,就同老乡商量,给一笔钱,留在老乡家里养伤。后来又多了一项,叫做"撒种子",就是在打土豪、发动群众的过程中,发现积极分子,秘密发展他们入党,让他们在本地开展工作。

第二次占领遵义以后,潘汉年同志忽然不见了。他当时已经担任红军总政治部宣传部部长兼地方工作部部长。他到哪里去了呢? 过了一些时候我才知道,是张闻天代表党中央把他派到上海去了。一方面要他去恢复和重建白区党的工作,一方面设法恢复同共产国际的联系。他化装成商贩,编在被红军拘捕的"云土"商贩队里,故意策划他们逃跑。这样一路上得到这些人护送,转辗经香港到了上海。8月间,他同后来来到上海的陈云同志会合,即离沪赴莫斯科,在中共驻共产国际代表团工作。

潘汉年同志在长征途中消失以后再次突然出现,是1936年8月上旬在保安。长征到达陕北后,我同闻天结了婚。1936年7月,党中央从瓦窑堡经安塞到达保安,住在保安城外东南郊的一片窑洞里。

汉年同志这次回来,肩负着重要的秘密使命。他是作为共产党的联络人被派回国商谈国共合作、共同抗日事宜的。他在5月初到达香港,七八月间先后在香港、南京与国民党代表会晤。其时国民党刚开过五届二

中全会,向我党中央提出了新的国共谈判的条件。国民党代表希望潘汉年立即到陕北听取党中央对两党合作谈判的意见,也就是对他们提出的新的谈判条件的答复。于是汉年同志即从南京赶到保安。

这时,闻天和毛主席、恩来同志等中央领导人也正在研究在国共关系新形势下,怎样调整对蒋介石的策略,答复南京方面的来信。汉年同志一到,立即向他们作了汇报。要说的话实在太多,当晚我们干脆叫他住在我们的窑洞里,在我们炕前支了一张行军床,彻夜长谈。

汉年同志汇报他在香港、南京与国民党代表联络的情况,谈共产国际对中国建立抗日统一战线问题的指示,具体内容我已经回忆不起来了。但他这次回来,是起了很大作用的。这可以从他来保安以后党中央的活动明显地看出来。

8月10日,闻天即主持中央政治局会议,确定和南京谈判,明确指出原来的抗日必须反蒋现在不适合了,要与蒋联合,与南京合作,结成广泛的抗日民族统一战线;南京政府真正抗日,我们就承认其统一指挥,同意取消红军和苏维埃名义,但要保证红军部队和根据地在共产党的领导之下。会后,为实现从"抗日反蒋"到"逼蒋抗日"的转变,做了一系列的工作。8月12日,毛泽东、周恩来、张闻天等政治局委员联名发电报给二、四方面军领导人,传达会议决定,指出"认定南京为进行统一战线之必要与主要的对手,应与南京及南京以外之国民党各派,同时的分别的进行谈判"。8月25日,发表了《中国共产党致中国国民党书》,呼吁停止内战,一致抗日,实现国共两党重新合作。9月1日,党中央发出了《关于逼蒋抗日问题的指示》。

记得8月份开过会后,潘汉年同志即去西安,准备到南京去谈判。但不久他又因要讨论统一战线和西南问题被召回来了。这样,他又参加了9月15、16日的政治局会议。这是一次扩大的政治局会议,参加的有三十多人,我也是其中之一。这次会议作出了《中央关于抗日救亡的新形势与民主共和国的决议》,把"人民共和国"的口号改变为"民主共和国"的口号,具有重要的历史意义。

我印象中汉年同志在这次会上作了比较重要的发言。他是刚从共产国际那边回来的,说话有影响。但因为年代久远,具体讲了些什么,我已经无法记起来了。张闻天选集传记组的同志查阅会议记录时看到了汉年同志的发言,其中谈到毛主席的一段,我觉得相当重要。他批评四中全会以来对干部问题在几个问题上是犯了严重错误的。他说:对自群众中产生出来的领袖的态度是不正确的。如朱德、毛泽东同志,是全中国以至全世界群众信服的领导。他们有很好的经验,在国际都少有的。我们应该尊重他们,应该赞助他们。他们的意见如果有某些不对的地方,应善意批评,不应借故攻击。汉年同志这一番话显然不仅仅是他个人的意见。在当时,对拥护毛主席的领导,进一步巩固毛主席的领袖地位,是有积极意义的。

潘汉年同志是为我们党的事业,为新中国的建立立了大功的人。他的功劳不应该埋没,他的智慧值得大家学习,他对党和人民的忠诚、对共产主义的坚贞,更要大大发扬。

(选自《潘汉年在上海》,上海人民出版社 1995 年版)

谈艾思奇同志和《大众哲学》

　　说到艾思奇同志,自然会谈到他写的《大众哲学》。我想谈谈这本书在当时所起到的影响和作用,以及大家学习这本书的情况。

　　当时中国共产党在长征途中历经千辛万苦,到达延安,党中央确保了以毛主席为主的军事路线的胜利。这不仅粉碎了蒋介石消灭红军的阴谋,也解除了以共产国际代表李德为首的一些人对军事指挥的束缚。

　　长征保存了红军主力,以至于后来建立了相对稳定的革命根据地。在军事上和政治上,这是中国共产党的伟大胜利。但当时在理论上我们还受到了苏联的影响,在马列主义思想指挥体系方面也受到本本主义的影响。

　　在艰苦的战斗岁月有许多实际问题需要解决;在学习方面、文化方面既缺少纸张、笔墨,又没有印刷厂,确实难以顾及全面。稳定下来以后,如何提高干部的理论水平,自然成了党中央要抓的头等大事。

　　毛主席1936年秋给在西安做统战工作的叶剑英发电报,让他买一批社会科学、自然科学等方面的书籍。其中包括真正通俗而又有价值的哲学书,即《大众哲学》。并且还把它寄给了在苏联留学的子弟。也让红大(抗大前身)学员学习等。

　　1937年秋,周扬、艾思奇从上海调到延安工作。一批高级将领在延安抗大学习期间,深为自己读了《大众哲学》而高兴!因为这本书通俗易懂,富有学习价值。有一次,毛主席看望闻天,便带了一本《大众哲学》,毛主席对他说:"这是一本青年人写的哲学书,是通俗的书,写得很好,你可以看看。"闻天感觉到这本书好就好在它写了马列主义和中国实际相结合,写了群众中存在的问题,也正是我们需要解决的问题,能够使人从马列主义思维方法看问题,分析问题。

这本书经得起时间的检验,并符合马克思主义的理论体系。当时广大干部都非常喜欢看它,闻天也不例外,他对这本书饶有兴趣,并认真地阅读了这本书。

在毛主席的大力倡导下,延安开办了几所干部学校,中央机关还成立了学习小组。中组部由陈云、李富春带头学习《唯物史观》(吴亮平和艾思奇合著);中宣部由张闻天、李维汉倡导负责,组织并带领学习,而艾思奇则担任辅导员,当时朱总司令也带小马扎听课;少奇同志从白区到延安

2000 年,刘英与艾思奇夫人王丹一在一起

刘英自述

后,闻天也向他介绍了《大众哲学》,并派我的弟弟刘斌当他的学习秘书。

1938年,艾思奇从抗大调到中宣部,兼陕甘宁地区文协主任,并任中央文委秘书长。在此期间,闻天在中央主管宣传与干部教育工作。六中全会以后,中央为了进一步提高全党的政治理论水平,成立了延安马列学院,选拔了一批有一定文化水平和实际工作经验的同志,经过考试正式进入马列学院学习。当时李先念、徐海东等同志都进马列学院一班学习过。学习时间长,不同于一般的干部学校。当时闻天兼任院长,由一些有相当理论水平的干部当教员,如吴亮平、杨松、艾思奇等。后来培养了一大批党的优秀骨干,如:宋平、邓力群、马洪、杨超、吴允中,以及后来的田家英、廖盖隆等。

艾思奇从事理论、文化、教育工作期间,工作踏踏实实,待人真诚,平易近人,从不居功自傲,还有他那刻苦勤奋精神都是值得青年人学习的。可惜建国以后,陈伯达、康生等人难以容下他。56岁便过早去世了,这是很遗憾的事情。

（选自《纪念〈大众哲学〉出版六十六周年学术研讨会暨再版发行式》文集,2000年10月）

260

七大何以推迟多年才召开

1939 年 3 月,我从莫斯科回到延安,就听说要准备召开党的七大了。召开七大的决定是在 1938 年秋天党的六届六中全会上做出的。当时议定要在较短时期内召开,筹备工作也已经开始了。记得 1939 年夏末秋初,前方军队的领导邓小平同志、贺老总等都到了延安,似乎同准备召开七大有关。后来党中央同意毛主席意见,决定七大推迟召开,他们就又回前方去了。

七大推迟召开,这是毛主席的英明决策。就我个人的体会,只有经过全党整风,经过对党的历史经验和路线是非的讨论学习,经过对历史问题决议的起草讨论,全党才可能达到在毛泽东思想基础上空前的统一和团结,七大召开的条件才成熟。

1939 年至 1940 年王明还是很自以为了不起的。1938 年底他从重庆回到延安以后,不仅没有认识错误,从过去所犯的"左"倾和右倾错误中吸取教训,而且坚持错误,甚至把错误说成正确。1940 年还将他的"左"倾冒险主义代表作《为中共更加布尔塞维克化而斗争》重新出版,并且王婆卖瓜写序言自我吹嘘,要把这本书作为新干部、新党员学习党的建设和中共党史的材料。他还攻击毛主席的《新民主主义论》实际上是反列宁主义、反社会主义的理论和行动纲领,是中国民族资产阶级的理论和行动纲领。无论是历史还是现实,都有一个分清是非、统一认识的问题。毛主席在 1941 年春尖锐地提出反对主观主义。他为出版旧作《农村调查》写了序言和跋,接着在杨家岭新落成的中央大礼堂作了《改造我们的学习》

的报告,批评学风上的主观主义,提倡调查研究、实事求是、有的放矢。由此开始,逐步在全党发动起一个整风运动。

这个运动是从上到下进行的。一开始,是毛主席在1941年9月中央政治局会议上指出,六届四中全会到遵义会议前,党中央领导所犯的错误是路线错误,它的思想根源是主观主义,在组织上的表现是宗派主义。这时,王明就生病不参加会议和各种活动了。张闻天的态度同王明是完全不一样的。他同意毛主席的估计,承认土地革命后期的路线是错误的,并从政治上、军事上、组织上、思想上全面地分析批判了错误,明确自己应该担负的责任。为了克服主观主义、教条主义,他表示要离开中央机关,到农村做调查研究和实际工作,以便补缺乏基层实际工作经验这一课。

经党中央同意,从中央几个部门抽调了包括我在内的9名干部,组成一个"延安农村工作调查团",由张闻天当团长,从1942年1月出发,到陕北、晋西北农村调查。这次调查进行了一年两个月,写出了十几个调查报告,尤其是在思想上取得了很大的收获。闻天在《出发归来记》中说,调查研究是从实际出发的中心一环。接触实际,联系群众,这是一个共产党员的终身事业。许多高级干部都进行了调查研究,张闻天不过是其中最为突出的一个。通过这一年多的调查,我对毛主席的调查研究的理论和方法也有了实际的认识和体会。

1943年初秋,各地选出的七大代表陆续汇集到延安,进行两条路线的学习,为七大的召开做准备。

记得这时在延安中央机关开展了对抗战初期王明右倾投降主义错误的批判。有一次,中央机关干部会上对王明揭发批判,王明没有到场,其夫人孟庆树参加了。听了许多同志的发言以后,孟庆树跑到台上去发泄不满,说大家对王明的批评是诬蔑,提出用担架把王明抬来,让他澄清事实。她在台上叫嚷了一阵,没有人理睬,跑下台来,又往毛主席膝上一扑,痛哭流涕,口口声声要毛主席主持公道。那天开会,我就坐在毛主席旁边,看到毛主席一动不动,知道这一回毛主席下了决心,对王明不再迁就了。两年前王明拒不承认错误而称病时,毛主席是把对王明"左"、右倾错误的直接批判暂时搁置起来的。

对王明的右倾错误的集中批判进行了个把月,接下来就是高级干部和七大代表学习和讨论党的历史和路线是非,通常把它称为学习和讨论两条路线。这是整风运动的深入与提高。参加学习讨论的有七百多人。我是七大正式代表,也参加了。我在秘书处那一组,组长是王首道。

闻天同富春、尚昆、聂荣臻等编在一个学习组里。我们这时住在杨家岭,会就在我们窑洞里开。学习文件,回顾历史,总结经验,气氛严肃而又和谐。记得这时彭真同志带来一些茶叶,尚昆同志来,总爱让我给他泡上一杯香片。

两条路线的学习,思想斗争相当尖锐,但生活过得比较轻松。杨家岭大礼堂早已建成,晚上经常举办舞会。就是民族音乐伴着陕北的锣鼓,倒也别开生面。毛主席常去跳舞,他只会一般的四步、三步,说自己跳舞的水平是"踏着音乐走路"。闻天这时不担负实际工作,主持政治材料室,搞国际、国内形势的参考资料。虽说写的东西不少,但在他来说已经是非常轻松了。空闲下来,也能同我下下围棋,种点西红柿、草莓之类了。

学习两个月后,所有参加学习的人都对照检查写自传。像我这样的一般的代表比较简单,在历史上两条路线斗争中犯有错误的同志就写得详细得多了。闻天很认真,写了将近4万字,称为"反省笔记"。有些部分是我帮他誊清的。在笔记中,他扼要地叙述了自己的经历和思想发展过程,几乎绝口不谈自己的贡献,而对于自己在六届四中全会后一段时间里所犯的"左"倾错误,进行了系统深刻的揭发批判,对曾经参与的历史事件和与此相关的同志,他都负责地一一说明事实真相,客观地评价其功过是非。毛主席看后,立即到我们窑洞里来,说:我一口气把它读完了,写得很好!

1944年4月和5月,毛主席就两条路线学习、时局和作风问题作了两次讲演,后来整理成《学习和时局》,对1941年9月政治局会议开始的

关于党的历史的讨论和1943年10月起进行的两条路线的学习、讨论作了总结。这年5月,根据中央的决定成立了历史问题决议起草小组(正式名称为"党的历史问题决议准备委员会"),召集人是弼时同志,闻天是成员之一。这时我担任闻天的政治秘书。闻天为起草第一个历史决议花了不少心血。他曾对历史决议的一个草稿进行修改,毛主席1945年春天对决议草案的修改,就是在闻天修改的那份稿子上进行的。这是看过档案的同志告诉我的。

七大正式开幕前,1945年4月21日先开了一个预备会。毛主席作了《中国共产党第七次全国代表大会的工作方针》的报告,指出大会的方针是"团结一致,争取胜利"。他说:大会的眼睛要向前看,而不是向后看。我们现在还没有胜利,前面还有困难,必须谦虚谨慎,不要骄傲急躁,全党要团结得像一个和睦的家庭一样。

1996年2月8日,刘英口述历史。访谈者程中原(右二)、夏杏珍(右一)

4月23日，党的七大在杨家岭大礼堂隆重举行。这个礼堂就是为召开七大修建的。我记得很清楚，我作为中直机关的正式代表在第13排1号就坐。这是我第一次参加党的全国代表大会。党的六大是1928年在莫斯科召开的，我那时在上海"住机关"，处在白色恐怖的地下，行动都很不自由。现在我们坐在宽敞的礼堂里开会，我们的党已经有了121万党员，有了一百二十多万军队，有了近一亿人口的抗日根据地，作为1925年入党的党员，我内心的喜悦是无法用言语来表达的。

七大的一项重要议程是选举新的中央委员会。在预选中，有几位列在候选名单上的同志落选了。毛主席来同闻天商量，落选的几位要不要列入正式名单。当时我也在旁边，毛主席笑着问我：你是娘娘，有何意见啊？我说：娘娘已经下台了！他说：你是三朝元老，应该听你的意见。我直率地讲了自己的看法，我说：除了邓发之外，其他几位都可以列入正式名单。邓发在肃反中错误太大，影响不好。

在正式选举中央委员时，稼祥同志落选，出乎毛主席的预料。毛主席特地在大会上讲话，动员大家选他当中央候补委员。毛主席说："遵义会议是一个关键，对中国革命的影响非常之大。但是，大家要知道，如果没有洛甫、王稼祥两个同志从第三次'左'倾路线中分化出来，就不可能开好遵义会议。同志们把好的账放在我的名下，但绝不能忘记他们两个人。"这是发自毛主席内心的公正的历史评价。

这次大会使我终生难忘。毛主席在大会闭幕时用愚公移山的故事激励大家，排除万难去争取胜利，成为我在困境和逆境中坚持信念、积极乐观的精神支柱。

（写于2000年7月）

后　　记

　　今年 10 月 14 日是奶奶诞辰一百周年的日子。奶奶曾以坚定的意志、敏捷的思维和健康的身体使所有见过她的人都觉得惊讶和敬佩。我们毫不怀疑她会成为一个世纪老人。然而，天不遂人愿，2002 年 8 月 26 日，97 岁的奶奶走完了她波澜壮阔的一生，在北京医院安然去世。

　　奶奶从 20 岁加入中国共产党，跟随党走过了 77 年，她把自己一生与党紧密联系在一起，品尝了革命胜利、建立新中国和改革开放的喜悦，也经历了大革命失败的惨痛、红军长征的艰辛、庐山会议、"文化大革命"的苦难。在奶奶弥留之际，江泽民总书记来到病床边，看着奶奶连声赞叹：党性坚强！党性坚强！

　　奶奶晚年的一项重要工作就是回忆党的历史。由于她独特的身份和惊人的记忆力，被称为党史的"活辞典"。她希望利用自己的亲身经历教育后人，同时为党史研究提供参考。《刘英自述》就是她对自己的生活道路和革命经历的详细的回忆。为确保回忆的真实性，她对每一个篇章都仔细斟酌和修改，不少重大事件都让整理的同志核查了档案。

　　我两岁半来到奶奶身边，伴随奶奶的革命经历成长，我对奶奶的崇敬和爱也与日俱增。我曾经问过奶奶，是什么使你在经历了那样多的苦难之后健康地活到了九十几岁高龄？奶奶说是信念！细细解读奶奶非凡的一生，我想，在信念之外，还有坚强、豁达和仁爱。愿广大读者通过《刘英自述》了解奶奶，了解老一辈对党的无限忠贞，对无产阶级革命事业的不

刘英与孙女东燕一家（摄于 20 世纪末）

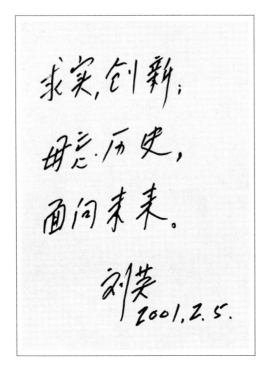

刘英晚年手迹

懈追求和无私奉献。

　　九十岁高龄的邓力群爷爷为本书作序,萧扬、朱佳木、程中原、夏杏珍等同志整理了奶奶的自述,人民出版社李春林同志以及奶奶的秘书肖宏同志为整理、出版付出了大量的心血和劳动,使得本书能够在纪念奶奶诞辰一百周年之际出版,对此我表示衷心地感谢。

张东燕

2005 年 7 月 9 日

2002 年,97 岁的刘英,留下她人生的最后一张照片

责任编辑:李春林　张　立

封面设计:周涛勇

版式设计:肖　辉

责任校对:张　彦

图书在版编目(CIP)数据

刘英自述/刘　英　著. -北京:人民出版社,2012.8 第 2 版(2025.6 重印)
ISBN 978 - 7 - 01 - 005123 - 9

Ⅰ.①刘…　Ⅱ.①刘…　Ⅲ.①刘英(1905～　)-回忆录　Ⅳ.①K827＝7

中国版本图书馆 CIP 数据核字(2005)第 098660 号

刘英自述

LIU YING ZISHU

人 民 出 版 社 出版发行

(100706　北京朝阳门内大街 166 号)

北京新华印刷有限公司印刷　新华书店经销

2005 年 10 月第 1 版　2012 年 8 月北京第 2 版　2025 年 6 月北京第 3 次印刷

开本:710 毫米×1000 毫米 1/16　印张:17.75

字数:216 千字　印数:13,001-16,000 册

ISBN 978 - 7 - 01 - 005123 - 9　定价:59.00 元

邮购地址 100706　北京朝阳门内大街 166 号

人民东方图书销售中心　电话 (010)65250042　65289539